现代企业服务创新探索

招建贞◎著

线装书局

图书在版编目(CIP)数据

现代企业服务创新探索 / 招建贞著. -- 北京 : 线装书局, 2022.1

ISBN 978-7-5120-4949-9

Ⅰ. ①现… Ⅱ. ①招… Ⅲ. ①企业创新—研究 Ⅳ. ①F273.1

中国版本图书馆CIP数据核字(2022)第022018号

现代企业服务创新探索

XIANDAI QIYE FUWU CHUANGXIN TANSUO

作　　者: 招建贞

责任编辑: 林　菲

出版发行: 线装书局

地　址: 北京市丰台区方庄日月天地大厦B座17层(100078)

电　话: 010-58077126(发行部)010-58076938(总编室)

网　址: www.zgxzsj.com

经　　销: 新华书店

印　　制: 湖北诚齐印刷股份有限公司

开　　本: 787mm×1092mm　1/16

印　　张: 13.5

字　　数: 200千字

版　　次: 2022年1月第1版第1次印刷

线装书局官方微信

定　　价: 48.00元

作者简介

招建贞(1980——),女,汉族,广东广州人,华东师范大学教育学硕士。现为广东白云学院工商管理学院教学副院长。近年有主编《管理学》教材、《工商管理专业导论》校本教材及参编《创新创业基础》教材等;发表论文20余篇。

前 言

随着市场升级和产业结构的逐步深化，企业的发展模式和成长机制正在发生深刻变革，传统企业与服务业之间的边界日益模糊，企业服务化成为全球企业转型升级的趋势和主要方向，企业服务创新研究成为战略管理和创新领域的热点问题。由于产品生命周期不断缩短、突破性技术频繁涌现以及消费升级，有形产品基数增长乏力，市场渐趋稳定，对于企业而言，仅仅依赖技术优势和成本优势容易使企业陷入产品化陷阱，难以保障其市场位置、财务绩效和竞争优势，传统企业面临新的挑战，亟须摆脱"产品化"瓶颈，寻求新的利润源和增长点。为了应对新的挑战，越来越多的企业将服务创新作为构建差异化优势的基石，从产品制造向产品服务系统或者解决方案提供商转型，通过提供产品生命周期增值服务和整合解决方案拓宽服务组合、强化服务导向并创造顾客价值。

目前创新已经成为国内外研究的热点，然而对于服务创新的研究还是一个相当新的领域。当人们在大量研究创新的时候往往会将思维定式在制造业的技术创新上，很难在一个更为广阔的思维框架中有所突破。企业在服务创新的过程中，仍然面临诸多挑战和困境，由于提供物的转变以及产品和服务本质上的固有差异，既有的以产品制造为核心的知识禀赋与服务创新的知识诉求难以匹配，成为企业进行服务创新的障碍，遵循既有知识进行服务创新容易导致企业陷入"刚性陷阱"。企业如何突破组织边界进行跨界搜索，借助外部知识弥补产品制造和服务创新之间的知识缺口，提升服务创新能力已成为制造业情境下的服务创新研究和我国制造业企业服务化转型亟待解决的议题。

随着知识经济时代产业结构的调整变化。服务产业与服务行为对一国经济的重要性也在日益增强。服务创新也因此成了与技术创新同等重要的、国家经济增长的决定因素，这一点必须明确地在国家创新体系理论中体现。改进后的新体系，在理论上更全面反映了现代社会经济中创新的本质，也把人们的注意力从单一的产品技术创新中转移到客观事实之上，所以在实践上也具有一定现实指导的作用。

目 录

第一章 绪论

第一节 服务概述

一、服务的相关理论

(一)“服务”概念的界定

1.“服务”概念界定的必要性

对于服务的定义,学术界一直没有一个具体统一的标准,是自现代经济学产生后的一个争论的焦点,在对服务业的相关实践与理论进行探讨与研究时,服务定义零散的状况直接导致的结果是对于服务的相关理论研究滞后,总是跟不上服务业的快速发展步伐。服务业涉及面广、问题复杂是这一问题产生的主要原因。根据最新统计,服务业不仅包括新型的服务业,如电信服务、中介服务,还包括传统服务业,如餐饮业等,也涵盖技术密集型行业,如金融保险业等;既包括生产率增长较快的部门,如信息服务,又包括生产率几乎不增长的部门,如艺术服务;既包括可以标准化和大规模生产的服务,如快餐业,又包括以顾客化方式生产的服务,如咨询服务。服务定义模糊产生的后果很多,概括起来主要包括以下几点。

(1)服务范畴的不统一造成统计上的逻辑不一致

服务业的统一一直是研究人员的难题。目前各个国家都有各自的标准,即使是同一服务,在不同的环境下都有可能作为不同的统计对象。比如你在零售店里买的食品叫商品,而同样的食品在饭店里就被称为服务。所以,形成服务统计中出现不一致现象的根本原因是对服务范畴的界定没有达成一致,这给研究和实际工作造成极大的不便。

(2)掩盖真正的服务业发展规律

对服务业进行研究的目的就是要发现其规律,促进其发展。如果没有对服务概念的统一界定,没有对其性质的深刻理解,就不可能对其规律进行深刻的把握。某些界定上的偏差,还有可能误导服务业发展规律的研究。

(3)进一步开展服务相关研究的困难

缺乏对服务的统一定义使服务理论研究受到很大的限制,研究者们很难达成一致。比如在研究中,对服务管理的研究要比制造业管理的研究落后许多,其中一个重要原因就是对服务这一术语的误解。又如关于服务业的分类可谓五花八门,对服务经济作用的分析也由于各种服务部门性质的巨大差异而难以得到统一的结论。

关于服务定义的界定一直是学者们关注的焦点,虽然还没有一个普遍被学者们认可的定义,但是学者们从不同角度对服务进行了定义。

2.服务概念的界定

马克思认为:“服务这个名词,一般说不过是指这种劳动所提供的特殊使用价值,就像其他一切商品也提供自己的特殊使用价值一样;但是这种劳动的特殊使用价值在这里取得了‘服务’这一特殊名称,是因为劳动不是作为物,而是作为活动提供服务……”马克思的定义首先肯定了服务的使用价值,它是可以交换的社会财富;再则指出了服务同其他商品的差别只是形式上的。一般商品体现的是各种实体形式,而服务则体现的是各种活动形式。马克思对服务含义的理解对后来的学者产生了一定的影响。《辞海》中对服务的解释是:“不以实物形式而以提供活动的形式满足他人某种需要的活动。”在国内流行的多数教科书中,对服务定义的阐释都遵循了马克思的观点,强调服务是一种提供价值的活动。

在西方经济学界,学者们对服务的认识还有着很大的争议,服务没有被纳入纯经济分析的范畴内。亚当·斯密(Adam Smith)认为,工业和商业才是生产性行业,而服务不创造价值,是非生产性活动。而希克斯(John R.Hicks)则将人们直接生产的各种服务都纳入生产范畴,他认为亚当·斯密认为服务是非生产性活动的原因,是由于后者没有意识到服务的生产和消费是同时进行的。美国经济学家希尔(Hill)于1977年从服务生产的角度对服务的定义产生了很广泛的影响,他认为:“一项服务生产活动是这样的一项生产活动,即生产者的活动会在一定程度上改善其他一些经济单位的状况。这种改善可以采取消费单位所拥有的一种商品或者一些商品的物质变化形式;另外,改善也可以是某个人或一批人的肉体或者精神状态。不论在哪一种情形下,服务生产的显著特点就是生产者增加了对其他经济单位的商品或者个人的价值。”

需要说明的是,如今的服务业含义范围已被广泛延伸。卡尔·阿尔布瑞契特(Karl Albrecht)甚至认为:“从商业的角度来看,工作就是提供服务,不论工作内容是什么。所有的工作都是提供服务。从一个人的工作到整个公司组织传达价值给顾客等,都可视作服务。”

我们认为,学者们从不同角度对服务的本质所做的阐述和界定大体上可以划分为三类。第一类是从过程的角度对服务特性的描述。这类界定认为,服务是一种过程活动,是具有无形性特征和交互作用的过程活动,它经常是与顾客进行“合作生产”得到的利益或者满足感。此外,这类界定还指出服务具有的生产和消费的同时性、异质性等特性。第二类是从内在经济属性角度上对服务的界定。这类界定指出,服务是一个经济主体受让另一个主体经济要素的使用权并对其使用所获得的运动形态的使用价值,即服务不会造成所有权的更换。第三类是从产品的对比中加以界定。这些学者认为,产品与服务的形态是一个连续谱:以可触知内容为主的称为有形产品;以不可触知内容为主的称为服务。

(二)服务的特征

服务企业进行服务创新,首先要理解服务的具体特征,认识到这些特征对服务创新的研究及绩效评价有着重要的意义。多年以来,研究者们一直在使用多种标准来概括服务项目的各种各样的特征。下面是服务所具有的有别于其他产品的最明显的四个特点。

1. 无形性

大多数服务是无形的。根据商品的有形性，一般情况下很容易接受这个特征。商品作为有形的物品，我们可以触摸它、感觉它，甚至闻到它的气味或者品尝到它的味道。而服务却是无形的，它通过实物或在实物中得以实现，但是其本身是无形的。例如，在软件中包含了电脑的操作指令，是用计算机语言编写出来的并且只能通过计算机来执行它的命令，这些指令通常是可以被保存在光盘上、软件上或是从网上下载到硬盘上的。因此，由软件开发商所提供的这项服务是通过实物（光盘、软盘或硬盘）来实现的。离开了另一种实物（计算机），它就无法被使用。

大多数服务是一种操作过程。比如法律咨询，通常是提出建议，并且代表当事人出庭。这种服务通常没有有形产出，即使有的话，那也不是服务本身的结果，而是在向消费者提供服务的过程中而产生的。例如，咨询服务的真正成果并不是那份帮助顾客解决经济纠纷的报告，而是报告中提出的平息纠纷的想法。无形性是服务业区别于其他产业最显著的特征。

对大多数服务业来说，购买服务并不等于拥有其所有权。这是与无形性相关的很重要的体现。而购买商品则意味着拥有了它的所有权。例如，消费者购买了一套音响，他就不仅仅拥有了其的使用权，并且可以任意地处理它。而服务的购买者则没有这种处理权。如果你买了一张百老汇演出的门票，你只可以在特定的时间观看那场演出。看过了表演，你就行使了这项权利，一切也就结束了。如果想再看一遍的话，只有重新买票。换句话说，也就是你并不拥有什么。除非这项服务是依附于实物的，比如说如果你买了一张百老汇演出的光碟，那你就拥有了对其的所有权。

2. 不可分割性

服务的不可分割性是指服务的生产过程和消费过程同时发生。服务在本质上是一个过程或一系列的活动，消费者在这个过程中和生产者发生联系。这个给顾客提供服务的过程,也就是顾客享受服务的过程,因此,服务的生产与消费在时间上不可分离。顾客假如不参与服务的生产过程,就不能享有服务。在制造业中,生产过程和产品的使用过程是可分开的,生产和流通过程不能被顾客看到,而只进行最终的消费,因此,生产和消费过程具有一定的时间间隔。服务的不可分割性特点表明,以积极的、合作的态度参与服务生产过程,消费者才能消费服务。当然,在某些特殊情况下,服务的生产和消费可以不同时发生,典型的如“物化服务”。服务的不可分割性存在三种不同的形式。

大多数情况下,不可分割的第一种形式是服务的提供与消费是同时进行、不可分割的。但是对于大多数商品而言,这两个过程可以而且通常是分开的。电话可以在某个地方的工厂生产,然后被运往世界各地的销售商,最后销售给各地的消费者。但购买电话以后并不要求顾客立即使用,它可以被无限期地存放在包装箱中。而提供旅游这种服务是即时消费的。

不可分割性的第二种形式是服务过程与消费者是不能分离的。换句话说,大量的服务都不能储存,顾客必须现场接受服务。电话的生产不一定要有消费者在场,但是医生的就诊必须在病人在场的情况下进行。礼堂里的演讲、篮球场的篮球赛、古典音乐会、乘车旅行,都要求服务提供与消费是同步发生且不可分割的,要享受此类服务,消费者必须亲历其间。

不可分割性的第三种形式是对某种服务的共同消费。有些服务是有大量的消费者的。比如,一场杂技表演、一场音乐会或是一次海上旅行都是针对一群消费者的。在此种服务中,即使每个人获得的感受不一样,但是其中的某个顾客的行为和表现会影响其他消费者的感受甚至情绪。因此,在这类服务中,个人的经历与周围消费者息息相关。

服务的不可分割性特点对服务企业的服务创新提出了新的要求。第一,消费者参与服务的生产过程,决定了服务创新活动也必须将消费者纳入创新之中,而不只局限于对企业服务创新的管理。第二,服务员工与顾客之间的相互作用是影响服务创新质量高低的重要因素，对服务创新过程的管理也相当重要。

3.不可保存性

大多数的服务与消费是同时进行的，所以可以认为它们是不可储存的商品。如有些游客要求通过电话提供早起报时服务，报时结束服务就提供完毕。宾馆的客房、航班上或电影院里的座位以及律师的咨询时间，都是不可保存的。

然而，如果从消费者角度看，对这种不可保存性又有另外一种理解。尽管消费者不能把服务带走，但是可以将服务购买后长久地使用它。比如，一位外科医生做一次心脏移植手术，那么他提供的不只是一次手术，而是病人的长期康复。甚至一场好看的电影，结束后许久仍然能让人回味。

服务所具有的这种不可保存的特点以及人们对服务需求的多样性，都对服务企业提出了要求。企业应该谨慎地分配服务力量，主动地满足服务消费者的需求，提高服务企业服务创新的效果。

二、服务的分类

（一）托马斯分类法

1.托马斯分类

美国哈佛大学托马斯（Thoms）教授认为服务可划分为两种类型：一类是设备提供的服务；另一类是人工提供的服务。

2.管理启示

以人工为主提供服务通常是劳动密集型服务组织，以设备为主提供服务通常是资本密集型服务组织。两类组织可以相互转变，不少服务组织提供的服务既可以是人工的也可以是设备的。如银行的取款业务，既使用自动柜员机，也使用营业员提供储蓄业务。资本密集型服务组织与劳动密集型服务组织应采用不同的策略。

（1）适当实施规模经济市场壁垒策略

工业企业经常以资本为市场壁垒，防止竞争对手打入市场。在发展过程中，工业企业可利用规模经济效益，进行技术投资获取专利并通过营销活动为顾客提供差异化产品。与之相比,服务组织由于无法将生产活动和销售活动分割开来,服务无法存储。因此,服务组织难以提高规模经济效益,但是并不是说服务组织无法利用规模经济效益。如民航公司购买大型客机,不必增加飞行员和机械师的人数,乘客人数却成倍增加。大型服务组织可以在大的范围内进行广告等市场沟通活动,提高规模经济效益。资本密集型服务组织主要利用规模经济效益,防止竞争对手打入市场。劳动密集型服务组织也可以采用不同的方式实现规模经济效益,如采用连锁经营、企业集团等方式作为市场壁垒策略。服务组织利用专利技术和差异化服务,也能有效地防止竞争对手进入自己的市场。

(2)采用现代化机械设备实现低成本策略

采用机械设备自动化,服务组织可以以更快的速度为顾客提供标准化的服务。如自动化洗车服务设备、自动售货机,都可以取代非熟练员工,提高服务工作效率,降低成本费用。劳动密集型服务组织可以用低价劳动力取代高价劳动力。如医院雇用义工和使用实习生完成大量的日常性的工作,保证护士完成高质量的心理护理服务。服务组织中的浪费现象很多,发现降低成本的机会并加以实施是服务管理者日常的工作之一。

(3)价格竞争策略

工业企业根据生产的批量能够确定单位产品的成本。服务性企业在生产之前无法确定服务的数量,就很难确定单位成本。服务性企业经常根据服务的价值定价,服务的价值通常是由顾客确定的。顾客根据感觉中的消费价值判断某种服务的价格是否合理。多数服务企业根据市场愿意支付的金额制定服务的价格,价格是服务质量的象征。但价格过高,顾客会认为服务组织"宰"客,价格过低会破坏其在市场中的质量形象。

(二)蔡斯分类法

1.蔡斯分类

美国亚利桑那大学蔡斯(Richard B.Chase)教授根据顾客和服务体

系接触程度划分服务体系，蔡斯所说的服务接触程度是指顾客必须待在服务现场的时间与服务体系为顾客提供服务的时间之比。这个比率越高，在服务过程中，顾客与服务体系之间的接触程度也就越高。这里，蔡斯采用的是一维因素划分法。

在接触程度高的服务体系中，顾客参与服务过程，会影响服务需求时间、服务的性质和服务的质量，这类服务体系较难控制，较难提高生产率。在接触程度低的服务体系中，顾客与服务体系之间的相互交往很少发生，或相互交往时间相当短暂。在服务过程中，顾客对服务几乎没有什么影响，这类服务体系可以实现与工业企业类似的生产效率。

服务体系可以分为三类：纯服务体系、混合服务体系和准制造体系。纯服务体系主要业务活动需要顾客直接参与；混合服务体系是面对面的服务工作与后台辅助工作结合在一起；准制造体系与顾客几乎没有面对面接触。

2. 管理启示

服务组织通常存在不同的服务体系。如民航客舱服务表现为纯服务特点，机场服务具有混合服务特点，客机检修工作则表现出准制造特点。在服务管理中，管理人员应研究以下问题。

（1）明确不同接触程度对经营管理的影响

第一，接触程度高的服务体系面临较多的不确定因素。如顾客到达的时间不确定，每个顾客服务的时间不一样，顾客可以随时提出新要求等，随时引起服务的中断或其他顾客的不满。如民航客机会因等待迟到的乘客，推迟起飞时间，引起其他客人的不满。在这样的体系中，服务人员和顾客之间的交往是服务工作的重要成分，服务人员的态度会影响顾客感觉中的服务质量。因此，公关能力和交际能力是服务人员必须掌握的重要技能，他们的工作直接影响组织的形象，应提高其在组织中的地位。同时管理人员要用统计的方法，预测某一时刻顾客的人数，合理安排好员工工作时间。

第二，接触程度低的服务体系中，可能做到供需的一致。这类组织的员工应提高技术水平和数据分析能力，管理人员可根据工作量，制定工作进度表，安排员工工作时间。

（2）明确本组织属于哪一类体系

管理人员通过分析员工与顾客直接接触时间在员工工作总时数中占多大比率，确定服务体系是纯服务体系、混合服务体系还是准制造体系。可使用工作抽样法，分析服务体系与顾客之间的接触程度，了解员工花费多少时间与顾客直接接触，分析员工配备是否合理，研究后台员工是否可以为前台服务人员完成一部分工作任务。

（3）减少不必要的面对面服务

服务前台工作最能向公众表明组织的市场形象。如果管理人员将不必要的面对面服务改为后台操作工作，服务人员就可以集中精力做好相互交往工作。管理人员应研究本单位是否可以将前台的工作改为后台操作，根据各个岗位与顾客的接触程度，合理地安排员工的工作。例如，文字处理中心在顾客提供文本之后，在后台用电子计算机为顾客打印文件。

（4）提高前台的服务工作效率

管理人员应研究是否可在前台服务工作最繁忙的时刻，增加服务人员的人数，加快服务速度，缩短服务等待时间，使顾客得到更多个性化服务。如商店管理人员可以安排存货管理员，完成柜台存货盘点工作，以便营业员集中精力做好商品销售工作。

（5）提高接触程度低（后台）的服务体系工作效率

管理人员应研究本企业是否能在后台应用分批生产计划、预测、存货控制、工作衡量、工作简化等生产管理概念，提高后台的操作工作效率；能否使用最新的技术成果，协助前台的服务工作。

（6）工薪制度与服务体系分工是否相配

管理人员应分析本单位是否根据服务体系的性质确定工薪制度，本单位是否合理地分配前台和后台的工作任务。如接触程度高的服务体系通常采用计时工资制，接触程度低的服务体系多采用计件工资制。[①]

①孙杰光，张辛雨，高同彪等. 现代服务业发展概论[M]. 北京：中国金融出版社，2017.

三、服务的形态

(一)消费性服务

1.消费性服务内涵

消费性服务是指提供给最终消费者、能够满足消费者某种需求，为消费者带来效用的产品和劳务。包括教育、医疗保健、住宿、餐饮、文化娱乐、旅游、房地产、商品零售等。此类服务行业中的绝大多数是直接面对市民的窗口行业，为居民日常衣食住行提供服务的行业，与老百姓的生活密切相关。

2.消费性服务特点

绝大多数消费性服务提供给消费者服务，直接面对消费者，与老百姓的生活密切相关。这类服务的特点包括：第一，消费此类服务的结果会引起社会产品的损耗、价值丧失，不能回收或补偿，但是会带来消费者需求的满足；第二，消费者对消费性服务的支出是连续的，消费者减少对消费性服务的支出会使生活质量下降；第三，消费性服务与消费者的需求水平密切相关，消费者对服务中的价值含量具有越来越高的需求趋势；第四，消费性消费的需求很少受到技术经济条件的制约。

3.消费性服务的三个环节

(1)前期服务

前期服务即售前服务，是指企业在销售产品之前为客户提供服务的一系列活动。如市场调查、产品设计、提供使用说明书、提供咨询服务等。售前服务是帮助客户认识自身需要唤起需要、激发兴趣、产生购买欲望的重要步骤，在整个营销过程中起着先导作用。

(2)中期服务

中期服务即售中服务，是指在产品销售过程中为客户提供的服务。如热情地为客户介绍、展示产品，详细说明产品使用方法；耐心地帮助客户挑选商品，解答客户提出的问题等。售中服务伴随客户的实际购买行为，是促进商品成交的核心环节。

(3)后期服务

后期服务即售后服务，是指在产品售出之后为客户提供的服务，如产品运输安装、调试、维修和退换等各种保证产品使用和维修方法培训等。售后服务可以使客户放心地购买和使用,免除后顾之忧,获得整体满意,成为企业稳定的客户群体并带动他人加入购买行列。

(二)生产性服务

1.生产性服务内涵

与消费性服务不同,生产性服务主要是满足现代社会化大生产的中间需求,是一种注入服务形式的软性生产资料,为新服务增加经济附加值。企业产品生产中软性生产资料(服务)投入的增加,使服务业和制造业的关系变得愈来愈密切。生产服务业包括科学技术研究、情报信息咨询、生产资料修理业、大型设备安装业、设备租赁业、技术检测业、货运业等。

随着企业规模的扩大和市场竞争的加剧,企业内部的服务项目不断分离出来,形成独立的专业生产性服务业,同时也使得生产性服务业逐步外部化。实际上,就是制造企业将以前一系列由内部提供的生产性服务活动进行垂直分解,实施外部化,将研发、设计、内部运输、采购等活动外包给生产性服务企业。企业将其内部的非核心的服务性经济活动外包给专业的服务商来做,不仅使制造企业提升自己的核心竞争力,同时也可以带动生产性服务业的发展。

所以,生产性服务又可称为生产者服务,在理论上是指市场化的中间投入服务,即可用于商品和服务的进一步生产的非最终消费服务。生产性服务是生产者在生产者服务业市场上购买的服务,是为生产、商务活动而非直接向个体消费者提供的服务。生产性服务也可理解为服务生产的外部化或者市场化,即企业内部的生产服务部门从企业分离和外置的发展趋势,分离和外置的目的是降低生产费用,提高生产效率,提高企业经营的专业化程度。

运输仓储、金融媒介、房地产、会计审计、创意和产品设计、广告、营销和国际贸易、售后服务等各种为制造业和社会生产性活动提供服务的行业,可归类为“生产性服务业”。生产性服务业也被称作“二点五”产业,它介于二、三产业之间,既是制造业的延伸,又是服务业的重要组成部分。

生产性服务企业是服务业和生产制造业在技术融合的基础上相互交叉、相互渗透、逐渐融合而成的。生产性服务企业所具有的收集、加工、处理、分配信息的能力以及控制、协调和支配生产过程的能力，保证了它是促使生产方式由工业化模式向服务化模式转变的组织载体。

2.生产性服务与物质产品制造企业

物质产品制造企业生产的产品实物差异性会随着经济活动服务化而缩小，更大的差异性将主要体现在其所包含的生产性服务方面。企业活动外置是指企业从专业化的角度出发，将一些原来属于企业内部的职能部门转移出去，成为独立经营单位的行为，或者是不再使用原来由企业内部所提供的资源或服务，转向使用由企业外部更加专业化的企业单位所提供的资源或服务的行为。

物质产品制造企业和生产性服务企业相互协同、融合、互动。企业活动外置所带来的好处主要有物质产品制造业的生产成本，包括制造成本和交易成本两部分，企业将自身不擅长的服务业务转交给专业服务机构来完成，自己则集中在企业的核心竞争力发展方面，而专业服务机构由于经验丰富、外在竞争、服务标准化等原因，收费较低，相对于企业自己处理服务业务，降低了物质产品制造业交易成本，减少了企业生产成本。由于企业活动大规模的外置化，新兴生产性服务业得到了快速发展，使得生产性服务业成为服务业增长中的“主导”行业。因此，可以说物质产品制造企业活动外置是生产性服务业增长的一个重要因素。

四、服务的对象

（一）外部服务对象——消费者

消费者需求是消费者为了满足物质和文化生活的需要，而对物质产品和服务产品具有货币支付能力的欲望和购买能力的总和。满足消费者的需求，为消费者服务是企业打入市场并站稳脚跟进而发展壮大的最根本要求，是每个企业都应该尊崇的基本理念。

定义服务概念、寻求产品特点，必须以消费者为导向，研究消费者、理解消费者，只有这样才能真正满足消费者的需求。特别是服务概念，它是由企业提供给消费者的，其目的就是给消费者购买自己品牌产品一个理由。雕牌就是贩卖产品概念的好手，“只买对的，不选贵的”这个概念成功地击中了全国家庭主妇的心，单凭这个概念，雕牌就打了宝洁一个措手不及。

一些企业家能识别消费者不能立刻识别的需求。亨利·福特（Henry Ford）在很多人还没有想到拥有汽车时，就已经想到汽车将会出现在每家每户的门前；史蒂芬·沃兹尼亚克（Steven·Wozniak）看到计算机只在大学、实验室和企业使用时，就想到每家都应有计算机，于是他和好朋友史蒂夫·乔布斯（Steve· Jobs）在还没有中学毕业时，就成立了苹果电脑公司，后来该公司成为个人和商用电脑领域的“领头羊”。为消费者服务，不一定要创造一个新发明或新产品，但必须有产品或服务来满足消费者的需求。

消费者的需求通常是多方面的、不确定的，需要分析和引导，很少有消费者尤其是消费品的购买者对自己要购买的消费品形成非常精确的描述，也就是说，有时消费者对企业提供的服务有极大的兴趣，但仍然不知道自己将要买回去的是什么样的。在这种情况下，需要增强与消费者的沟通，对消费者的需求做出定义。定义消费者的需求就是通过买卖双方的长期沟通，对消费者购买产品的欲望、用途、功能款式进行逐渐发掘，将消费者心里模糊的认识以精确的方式描述并展示出来的过程。

（二）内部服务对象

就服务而言，企业的内部服务与外部服务同样重要，从某种意义上讲内部服务甚至更重要。企业的运作就像一部机器的运转，只有机器的各个部件都完好并很好地配合，才能生产出优质的产品。同样，企业只有做好了内部服务，才能把外部服务做得更好。内部服务是一个很大的服务市场，部门与部门之间、上下业务流程之间、员工与员工之间领导与员工之间，都存在服务与被服务的关系。

1.员工

员工是企业的基本组成部分,从最早的实物交换到当前日益复杂的全面报酬体系,员工与企业的关系不断发生变化。员工和企业的交换行为,也是互相服务的行为,企业获得员工的服务完成企业目标;员工获得企业的服务获得他认为有价值的一切回报。企业之间的竞争最终是对员工的竞争,为此企业在人力资源管理中应该更加关注对员工的服务,以期能够获得、保留、激励员工,并为企业做出更好的服务。

2.股东

股东在企业只是承担有限的责任(风险)的责任者,而且股东所承担的这种风险可以普遍通过投资的多样化来化解,因为他们可以将持有企业股份作为其总投资中一个组成部分。那么剩余风险已经转移给了经营者、员工、债权人和其他人,他们可能承担了比股东更大的风险。所以企业应该为所有利益相关者的利益服务,而不应该仅仅是为股东的利益服务。知识经济的兴起,"资本雇佣劳动"的观点正在向"劳动雇佣资本"的观点转化,在现实经济生活中,经理分享制、员工持股制已在许多企业中推行,利益相关者利益最大化取代股东利益最大化,已成为社会经济发展的必然选择。

3.企业内部各部门

内部服务机制运行良好,可以减少管理成本、提高工作效率、提高劳动生产率、提高员工满意度,最终给用户提供满意的产品和服务,从而实现企业的利益最大化,使企业保持良好的、快速的、可持续地发展。企业是一个有机的整体,部门与部门之间需要协调工作,否则企业总体目标将无法实现。一项权威机构的调查表明,能通过"文字"描述的部门职能,只占部门真正职能的50%左右,这样就有将近一半的工作,是部门职能说明书中所没有规定的,这些工作需要部门与部门之间协调共同解决。

第二节 企业服务的内涵和特征

一、企业服务相关理论基础

从现有企业服务的研究基础及行业属性看，呈现出理论性较弱、实践性较强的发展格局，现有理论体系相对松散，对新阶段企业服务体系的研究尚缺乏强关联、直接性、系统性的理论框架的支撑。基于此，有必要从外围关联的已有理论出发，逐步探索建立并夯实企业服务本身的理论基础。

(一)产业集聚相关理论

1.产业集聚与产业集群

产业集聚(Industrial Agglomeration)是指同一产业在某特定地理区域内高度集中，产业资本要素在空间范围内不断汇聚的过程。产业集群(Industrial Cluster)又称“产业簇群”“竞争性集群”“波特集群”，是指某一行业内的竞争性企业及与其关联的上下游企业、支撑机构等聚集在某特定地域的现象。可见，产业集聚现象只是产业内部企业在空间地理上的集中，企业之间缺乏以产业链、供应链、价值链等链条为纽带的关联性，而产业集群则更强调企业之间内在的关联性，在同一地域空间集中的基础之上，集群内的企业形成了一种类似于生物有机体的产业群落，具有可持续发展的生命力。可见，产业集聚并不等于产业集群，产业集群是在产业集聚的基础上形成的，但并不是所有的产业集聚最终都能发展成产业集群。

2.外部经济理论

外部性概念一般认为最早是由马歇尔(Marshall)提出的，他在1980年发表的《经济学原理》一书中首次提出“外部经济”的概念，他认为，除了土地、劳动和资本这三种生产要素之外，还有第四种生产要素——“工业组织”。在该书中马歇尔使用了“内部经济”和“外部经济”两个概念来说明该要素。马歇尔指出：“我们可以把因任何一种货物的生产规模之扩大而发生的经济分为两类：第一是有赖于这工业的一般发达的经济；第二是有赖于从事这种工业的个别企业的资源、组织和效率的经济。我们可称前者为外部经济，后者为内部经济。”马歇尔认为，外部经济正是产业集聚的根本动因，通过更深层次的剖析，产业集聚形成的主要原因主要有三个：一是劳动力市场的共享，集聚后可以减少因人员流动带来的信息不对称并降低企业成本；二是关联性企业，集聚能够使得中间产品种类多样、成本下降；三是技术外溢，集聚能够促进创新。

3.增长极理论

法国经济学家弗朗索瓦·佩鲁（F·Perroux）最早于1950年提出以“增长极”为标志的不平衡增长理论。在他看来，经济增长是在不同部门、行业或地区，按照不同速度不平衡增长的，经济增长首先出现和集中在具有创新能力的行业，这些具有创新能力的行业通常在空间的某些点上集聚，于是形成了增长中心或增长极。佩鲁认为，增长极的形成至少应该具备以下三个条件：一是在一个地区内存在具有创新能力的企业群体和企业家群体。因为少数有冒险精神、勇于革新的企业家的创新活动是经济发展的重要动力；二是必须具有规模经济效益，增长极地区除了创新能力及其主体外，还需要一定规模的技术、资本和人才储备；三是必须是具有适宜经济发展的外部环境，主要包括完善的基础设施条件、适当的政策引导以及良好的市场环境。增长极理论较好地解释了区域经济与产业集聚的关系，后被发展为空间集聚理论，增长极是位于城市内的一组产业，通过影响周边地区进而推动区域内经济的发展。

4.竞争优势理论

迈克尔·波特（M·E.Porter）是竞争优势理论的代表性人物，他将竞争力内涵引入产业集聚经济的研究中，并正式提出了“产业集群”的概念。波特认为，产业集群竞争力的形成及其竞争优势的发挥是核心内容。他提出了“钻石模型”，强调竞争优势的决定因素包括生产要素条件、需求条件、相关及支持产业、公司的战略、组织以及竞争；两种外部力量是随机事件和政府。波特认为,在与五种竞争力量的抗争中,蕴含着三类成功型战略思想,即总成本领先战略、差异化战略和专一化战略。在形成产业集群方面,波特认为,保护会延缓产业竞争优势的形成,使企业停留在缺乏竞争的状态。

(二)产业生态相关理论

1.生命周期理论

生命周期(Life Cycle)的概念应用很广泛,特别是在经济、政治、技术、环境、社会等领域经常出现,其基本含义可以简单地理解为"从摇篮到坟墓"的整个过程。在此概念基础上,许多研究企业管理的学者提出了企业全生命周期理论的概念——企业全生命周期理论是通过生物类比方法研究企业成长的理念。格瑞纳(Greiner)提出企业成长的五阶段论,他认为企业成长过程中演变和变革交替进行。爱迪生指出任何一个系统都有生命周期,企业也是一样,都会出现出生、长大、衰老和死亡的过程。国内一些学者也对生命周期开展了研究,如单文和韩福荣等探讨了企业生命周期问题。

2.企业生态理论

企业生态理论的基本思想与自然生态系统相类似,企业生态系统各个企业和产业各司其职,分别承担生产者、消费者、分解者等不同的角色,由企业物种、产业种群、产业集群、产业系统等形成不同的层次,具有自然生态系统"共生互惠、协同竞争、领域共占、结网群居"等特点,企业之间、产业之间、产业和环境之间存在相互联系、相互依存、相互作用的关系,并进行特定的物质、能量和信息流的交换。生态产业理论强调物质能量的循环流动,产业生态系统内不同企业和产业占据着不同的生态位,形成了类似自然生态系统的生态链,使资源在产业系统内得到循环利用,减少废物排放,降低产业活动对环境的污染和破坏,实现产业系统与生态系统的良性循环和可持续发展。

(三)企业创新相关理论

1.技术创新理论

技术创新理论首次由美籍奥地利经济学家熊彼特(Joseph A.Schump

ter)于1912年提出。熊彼特认为,所谓创新就是要"建立一种新的生产函数",即"生产要素的重新组合",就是要把一种从来没有的关于生产要素和生产条件的"新组合"引进生产体系中去,以实现对生产要素或生产条件的"新组合"。创新一般包括五个方面的内容:制造新的产品、采用新的生产方法、开辟新的市场、获得新的供应商、形成新的组织形式。创新并不仅仅是某项单纯技术或工艺发明,而是一种不停运转的机制,只有引入生产实际中的发现与发明,并对原有生产体系产生震荡效应才是创新。

2.创新系统理论

弗里曼(Freeman)1987年首次提出国家创新系统概念,他通过研究日本企业技术创新发现,日本在技术落后时,以技术创新为主导,并充分利用创新过程中企业外部和企业之间的组织、制度因素。几十年时间就成功让日本的经济出现了强劲的发展势头,成为工业化大国。弗里曼指出,人类发展史上,技术领先国家从英国到德国、美国,再到日本,技术创新、制度、组织的创新导致了这种追赶和跨越,是一种国家创新系统演变的结果。国家创新系统被弗里曼定义为,"一个主权国家内的公共部门和私人部门中各种机构组成的网络,这些机构的活动和相互作用促进了新科技和组织模式的开发、引进和扩散"。

(四)服务发展相关理论

1.企业分工理论

亚当·斯密1776年在《国富论》中首次提出"劳动分工"概念,此概念包括发生在企业内部以及企业间的。亚当·斯密认为,社会分工带来的专业化可以提升生产效率,是促进创新、技术进步和报酬递增的源泉。社会分工是经济发展的原因,也是结果,在该因果累积过程中会出现规模报酬递增机制。社会分工和专业化引起了经济进步和发展,因此分工理论可以用来解释和比较不同模式的生产效率是可信的。随着市场的不断扩大以及社会分工的不断细化,企业为了提高生产效率和竞争力,不断将专业化部门剥离,独立发展成新的职能部门或企业。

2. 交易成本理论

英国经济学家罗纳德·哈里·科斯(R·H.Coase)在1937年提出交易成本理论,指的是在一定的社会关系中,人与人自愿进行合作并达成交易所需要支付的成本,即“人—人”关系成本。从本质上讲,只要人与人之间存在交易活动,就会发生交易成本,包括信息搜寻、谈判、缔约、监督等成本投入以及可能产生的违约成本。根据在企业内外部完成交易的不同,可以将交易成本分为内部交易成本和外部交易成本。科斯认为,当某项业务的外部交易成本高于内部交易成本时,该项业务应在企业内部完成,即企业存在的原因;而但内部交易成本大于外部交易成本时,企业应选择业务外包,即通过市场完成这项业务。

3. 服务外包理论

外包是指企业为专注于内部具有核心竞争力的业务,寻求长远发展,将内部一些非核心的、辅助性的功能或业务交由外部市场上更加专业、更有效率的服务机构来负责,以达到降低成本、提升效率,进而增强企业竞争力的目的。随着服务外包理念的发展,结合比较优势理论,其定义得到大幅扩展;只要是外部服务机构可以将企业内部的功能或业务做得更便宜、更有效率,企业就应该将工作交由外部服务机构完成;反之,如果某项业务企业自身来做能够比外部服务机构更节省成本且效率更高,那就应该由企业自己完成。服务外包已成为一种趋势,将是促进产业服务行业快速发展的一个重要原因。

二、企业服务行业内涵及定义

(一)企业服务内涵

企业服务这一概念是适应产业转型升级需求而诞生的产物,是产业园区、特色小镇等产业发展空间载体内,为产业和企业发展提供相关服务的业态的集成,相比于其他现代服务业,其拥有较为明显的行业内涵特征。

1. 企业服务需有助于产业园区内产业的转型升级

从竞争理论来看,在工业化中后期阶段,企业间竞争已经变为产业链之间的竞争和产业生态系统之间的竞争。新兴产业创新能力的提升，不仅取决于创新链的优势特色及与之匹配的服务链发展水平和服务能力，更取决于创新链与服务链的融合程度及协同效应。郭怀英提出，制造业价值链上关键服务环节缺失是目前中国产业结构升级的主要症结所在。伴随着中国在世界上经济势能的变化，产业园区也伴随着产业竞争的变化向高质量发展转型升级，生产性服务业对产业链的整合成为其中关键一环。佟明亮认为，生产性服务业与产业园区内产品研发、原料采购、仓储运输、生产制造、订单处理、批发经营、零售整个产业链每个环节都存在不同程度的联系，是产业园区产业链上最核心、最关键的环节。生产性服务业可以推动产业园区产业链的优化整合，在其中扮演“黏合剂”“润滑剂”的作用，使产业园区产业链的各个环节间的联系变得更加顺畅而紧密，加速产品迭代，提升生产效率。

2. 企业服务业需要有助于产业园区向产城融合方向转型

毕晓嘉等指出，在过去长期的发展过程中，我国产业园区普遍存在工业与服务业分离、产业与城市分离、园区与主城市分离等多个层面上“二元对立”的问题，已经不能适应企业转型升级和产城融合发展的要求，急需企业进行整合和集聚，尤其是生产性企业的集聚，来促进工业园区转型升级。同时，生产性企业尤其是技术型高端生产企业本身对生活服务及公共服务同样存在需求，根据“豪布斯卡（HOPSCA）”原则，成熟的生产性企业集聚区须具备“宾馆、商务楼、停车场、商场、聚会场所、公寓楼”六大元素，产业园区本身需要通过形态营造和功能整合，提升区域内的服务业能级，最终形成知识、信息、资本、人才的集聚。

3. 企业服务业需要有助于产业园区转变自身发展模式

产业园区本身也需要摆脱依靠土地红利的开发运营模式，从“租赁型”“卖地型”向“管理型”“投资型”转变，由单纯的土地运营向综合的“产业开发”和“氛围培育”转变。发展生产性企业为主的服务经济也是集聚产业、人才的重要手段。

（二）企业服务定义

目前，企业服务行业尚无普遍公认、完整统一的定义。已有提法概括起来主要基于两个视角。

1.基于企业属性的视角

李继凯认为，企业服务行业是以企业为服务对象，以企业发展为服务目标的一种服务业态。其与传统的生产性服务业、生活性服务业有着较大不同，因为生产仅是企业发展的一个环节或是一个步骤，而生活也只是以人们生活为服务对象的一个行业种类；企业服务行业亦与高技术服务业不同，高技术服务业是基于高端技术的转化、孵化、培育的一种服务业分类。

2.基于服务功能的视角

企业服务能力被视为华夏幸福产业新城业务发展能力中的核心竞争力，华夏幸福为企业提供产业规划、全球资源、选址服务、行业圈层、金融支持、专业载体、一揽子政策、全程服务共八项产业服务。但通过盈利模式解读，不难发现，华夏幸福所提供的“产业发展服务”实为招商引资服务，该公司拥有一支千人数量级的招商团队，招商佣金高达新增落地投资金额的45%；北科建集团认为，企业服务是以企业发展要素资源的集聚整合为核心，以搭建企业创新发展平台为手段，以促进高新技术产业发展为目标，以专业服务与综合服务相结合的立体多维的产业增值服务，其特色产业服务体系由资本服务、技术服务、人才服务、市场服务、政策服务和中介服务六个方面构成。

基于企业服务业态的发展现状和前人的实践总结，结合我们对企业服务行业的理解，我们认为：企业服务业是指在特定的产业空间载体内，以促进产业高质量发展和空间高水平运营管理为目标，面向载体拥有方、产业组织、企业、企业员工等特定对象，提供的一系列专业服务的总称。企业服务业是一个覆盖面广、专业性强、服务门类多的综合型服务行业，不仅包含了部分生产性服务业、高技术服务业、科技服务业，还涵盖了部分特定区域的生活性服务业、公共服务业等多种业态。企业服务通过帮助产业空间载体弥补其自身的功能不足，协助开展人才、技术、资金、信息、物流等产业和企业发展要素的汇集，帮助产业空间内和企业中的人优化工作生活环境，在这个过程中实现其自身存在的价值和商业回报。[①]

三、企业服务供给侧分析

纵观企业服务行业的孕育和发展历程，过去政府是企业服务的主要提供者，随着服务业市场化步伐的不断迈进，更多的社会机构、民营企业开始加入企业服务的队伍当中，极大地推动了企业服务生态的构建和升级。由此，政府的职能开始逐步向管理回归，政企分工协作是当前企业服务供给格局的主要特征。目前企业服务的供给主体主要包括以下几类。

（一）政府职能部门

我国正处在社会主义市场经济建设和产业转型升级的历史进程中，在资源配置和服务供给中“市场失灵”现象时有发生，为了弥补这一不足，政府在企业发展过程中依然扮演了重要角色。一方面，从企业自身发展来看，政府的有效干预、引导和推动不可或缺，尤其是在新兴产业的形成与发展过程中，更离不开政府的政策扶持和服务。另一方面，企业服务涉及面广，很多细分领域尚不具备自我造血能力，市场竞争环境恶劣，极大地制约了市场服务主体的发展，而服务的不可或缺性促使政府担负起服务供给的重任。随着政府体制和服务市场化改革的不断深入，为应对政府提供产业服务的低效率及公众对政府“花钱更少、做得更好”的要求，一大部分专业服务逐渐以“服务外包”的形式，由更有效率的企业或社会组织来提供。政府从服务的直接生产者转变为出资人和监督者，极大地优化了政府职能化和服务效率。但是不可忽视的是在服务外包的过程中，有些服务领域并不容易引入和促进竞争，存在明显的“供给方缺陷”，政府依然需要坚守在服务的第一线。

（二）专业服务供应商

1.细分服务供应商

随着企业价值链分工深入企业内部，不同工序或阶段的可分性促

---

①舒伯阳，徐静，邵晓辉．服务运营管理［M］．重庆：重庆大学出版社，2018.

使价值环节分离。各价值环节的活动既可由企业自己内部供给，也可通过市场购买（外包）。一些相对专业、共性的环节（如人力资源、法律咨询等）逐渐从企业内脱离出来，由此诞生了众多细分的专业服务业态，同时催生了一批专职提供此类服务的第三方专业服务公司。他们专攻某一细分服务领域（如人员招聘、研发设计、检验检测、创业孵化等），把服务做精、做深，以体现其专长和特色。同时，在产业服务专业化发展进程中，通过向服务价值链的渗透和重组，形成了一批垂直整合了服务链前后端的行业服务龙头企业。典型代表如前程无忧，提供包括招聘猎头、培训测评和人事外包在内的全方位专业人力资源服务，成为第一个在美国纳斯达克上市的中国人力资源服务企业。专业服务公司作为新兴的产业服务供给主体，利用其自身机制的自主性、灵活性，在产业服务供给方面发挥了重要作用；其快速发展壮大，不仅增强了服务的有效供给能力，也提升了资源配置效率。

2.平台型服务供应商

随着服务分工的不断细化，外部提供专业服务的市场组织快速增加，在一定程度上极大地提升了服务效率和品质。但是分工越复杂，信息不对称程度越大，这就推高了企业筛选和获取服务的时间成本、信息交流沟通成本。特别是对众多的科技型中小企业而言，受到资源获得及配置等方面能力的限制，逐一寻求细分领域的专业服务供应商，在某种程度上极大地推高了企业的成本。平台型服务供应商由此产生，它们以提供全方位“一站式”服务为目标，整合多个相关行业的服务资源，形成一个价格可比选、服务可组合、品质有监管的综合性服务平台，大大降低了企业获取外部服务的难度。现有的平台型服务供应商可以简单地划分为三大类。

第一类是专业的产业地产商，浸淫产业地产领域多年，其在企业服务方面也取得了良好成绩。典型代表如天安数码城，通过提出并打造“城市产业综合体”，为入驻其中的企业提供了人才、资本、技术、信息、市场、商务、政策等增值性服务，建立企业配套服务体系。又如清华科技园，其首创“孵化器+创业导师+风险投资”的创业孵化服务体系，入驻清华科技园的企业可以得到物业、商务配套、网络通信、文化生活等基础服务以及政策支持、技术转移、投融资、人力资源等增值服务。

第二类是互联网平台型企业服务供应商，依托互联网技术打造集成多项产业服务的供给平台。典型代表如服务众包平台猪八戒网，服务交易品类涵盖创意设计、网站建设、网络营销、文案策划、生活服务等多种行业，2011年获得IDG投资并被评选为中国2011年度“最佳商业模式十强”企业。又如企办（北京企办信息技术有限公司），致力于为产业园区、商业地产、众创空间、商协会提供领先的互联网+综合企业服务平台建设与运营服务的企业办公服务，通过云服务、云招商、云管理、大数据、企办办公、物业管理、门禁访客等一系列顶层设计产品，连接人，连接端，连接内外，构建机构全方位企业服务生态体系。

第三类是企业内部平台型产业服务供应商，更多依靠企业自身的行业资源积累打造服务平台，为自身核心业务产业链上下游企业提供“一站式”、综合性产业服务。典型代表如世界家电“巨头”海尔创办海尔创业加速平台，下设创客学院、创客工厂、创客服务、创客金融和创客基地5个子平台，为创业小微企业提供低成本、便利化和全要素的开放式综合创业服务；腾讯创业服务平台，集合各类创业服务商的资源，将行政、研发、融资、营销、人力等基础领域在内的11类1200多项能够扶助创业项目快速成长的服务打包到一起，为创业者提供“一站式”、高品质的创业服务。

（三）非政府组织

1.高校、科研院所等机构

创新是产业发展的第一原动力，高校和科研院所作为创新能力的源头，是产业创新发展的重要推动者，是企业技术创新的重要合作伙伴，是产业服务中创新服务的重要供给者，驱动产业创新发展的前沿理论和尖端技术基本上来源于此。高校院所通过与企业共建高新技术公共服务平台等方式，促进创新要素集聚，为各类创新主体提供研发设计、知识产权、检验检测认证、创业孵化、成果转移转化等创新服务。典型代表如清华大学长三角研究院,以清华大学科技、人才为依托,立足浙江,面向长三角地区经济社会发展需求,提供科技创新、技术服务、人才培养、高新技术产业化等服务,是实行企业化管理的事业单位。

2.产业联盟、行业协会等社会组织

在非政府组织提供服务的队伍中,除了高校院所等机构外,还存在以产业联盟、科技创新联盟、行业协会等为代表的行业性社会组织,它们以自组织的形式,自愿向行业内相关企业提供服务。非政府组织不以营利为目的,在自愿、联合、共享、互助的基础上充分发挥桥梁纽带作用,通过市场途径将大量的市场信息、制度规范等非实物公共产品和服务提供给企业,并逐渐成为未来我国产业服务的重要供给主体。典型代表如深圳市产业园区发展促进会,由120家园区、创客空间、投资机构和科技服务机构发起成立,服务功能涉及园区招商、项目策划、项目运营、论证评估、市场分析、营销策划、信贷融资、企业管理咨询、知识产权规划、法律咨询、企业内部培训、企业文化建设、企业供应链建设、企业战略、互联网+、人才战略、前沿新领域等方面。

四、企业服务对象解读

(一)企业空间载体拥有方

各种类型的产业园、特色小镇、双创空间等空间载体,为企业提供了办公和经营场所,是企业发展的主阵地,也是企业服务的主要落地场景。空间载体的开发建设解决了空间从无到有的问题,空间的运营管理则是实现空间利用价值的关键所在。无论是开发建设,还是运营管理都离不开相应的服务。

企业空间载体的开发建设既有政府,也有企业、产业地产商等社会力量,一方面它们本身是产业服务的提供者,另一方面它们也是产业服务的消费者。政府需要社会服务机构来分担或替代部分产业服务职能,以此提升自身的服务效率;而社会力量需要在部分专业环节引入专业服务商,进而弥补自身能力不足的问题。由此可见,产业空间载体拥有方具有双重属性,既是产业服务的生产者,也是产业服务的消费者。

（二）企业组织

随着社会分工从企业内部分工拓展到企业间分工和产业间分工，产业价值链也在不断地分解，企业数量的增加进一步提速，产业集群效应日益凸显。专业化分工导致技术进步，技术进步产生规模报酬递增，由此促进收益的快速增长。而进一步的分工依赖市场的不断扩大，尤其是单个产品和环节的市场。专业化分工的核心问题是分工所带来的收益与分工所增加的交易费用之间的取舍，而共性服务的外包，可以促进交易费用的降低。由此可见，专业化分工为集群经济的发展创造了条件，而内部服务配套的完善程度则成为影响产业集群自我成长的重要砝码。产业服务可以帮助集群形成完善的内部服务生态，促进集群内企业交易费用的降低，进而对产业集群形成和发展产生正向促进作用。

从企业发展的趋势来看，新兴产业和高新技术产业是区域竞争的核心领域，其产业链更显精细复杂，企业规模普遍较小、科技含量占比很高。新兴产业和高新技术产业发展更依赖外部环境，需要产业要素资源的快速流动，需要外部服务的导入来降低企业运营费用。由此可见，产业服务对产业集群具有重要价值，产业组织是产业服务的核心需求方，而新兴产业和高新技术产业的需求尤为强烈。

（三）企业

企业是企业发展和科技创新的主体。企业成长的外在表现为主要业务快速扩张，随着主营业务量的增加，企业需要重新对有限资源进行优化配置，非主营业务的服务活动外包成为重要选择。服务外包使得企业能够重新定位其组织架构，使得企业能集中配置主要资源于相对优势的领域。产业服务可以满足企业对非主营业务外包的需求，对企业快速发展壮大具有重要推动作用。

随着创新创业战略的加速推进，中小企业尤其是科技型中小企业，正成为企业发展最有活力的群体。受制于企业自身规模和外部环境压力，中小企业通常高度聚焦核心业务和产品，对非核心业务外包需求非常强烈。对于科技型中小企业而言,不仅是非核心业务,其在核心产品的创新、研发、推广、融资、人才等环节,也需要外部资源的支持,这就为产业服务的发展创造了巨大空间。

(四)企业员工

人才正成为当下一个区域、产业、企业发展的最大推动力量。随着人才重要性的不断增加,吸引和留住各类人才正成为区域、产业和企业关注的热点。影响人才集聚的因素有很多种,其中高品质的办公环境和完善的生活服务配套,正成为影响人才流动的一个非常重要的外部因素。企业作为人才使用的主体,其在“人才引培”方面需要外部服务机构的助力;政府作为高端人才引进和公共服务配套的供给者,需要外部服务机构的协助。因此,企业员工亦成为产业服务的一个重要微观对象,帮助企业、政府等引进和留住人才,协同政府、企业和产业空间载体拥有方打造完善的生活配套环境,也是产业服务供应商业务发展的重要方向。

五、企业服务行业发展意义

企业服务行业是一个新兴的、专业的、综合的行业,其服务对象和服务提供主体均是多元的,其快速发展有赖于最先进的服务技术、服务方式和服务理念,对产业园区转型升级、产业创新发展都有直接的推动作用,对促进区域经济发展不可或缺。

(一)促进传统企业的结构调整、升级转型

在经济新常态下,加快推动传统产业转型升级,与积极发展新兴产业一道,成为推动社会经济高质量发展的重要抓手。而传统产业升级转型不是单纯淘汰一些夕阳产业,而是通过新一代技术手段升级企业水平,通过企业融合发展调整企业结构,创新发展传统企业,进一步挖掘传统企业的潜力和价值,使之成为某些新兴企业的基础和支撑条件。企业服务不仅仅赋能于新兴企业,对传统企业也有很强的推动作用,企业服务行业可通过引入新理念、新技术、新业态、新模式等手段,转型升级传统企业产能结构,对传统企业的升级有促进和拉动效应。

(二)促进新兴企业的孵化、培育与壮大

新兴企业发展是推动社会经济高质量发展的重要力量,同样也是经济增长的新引擎,而新兴产业的发展需要创新的思维和理念,不仅仅针对技术的创新,更多需要对企业发展相关服务的创新和变革。特别是现阶段,新兴企业、新的动能由于企业政策、企业标准、企业模式、企业投资等方面尚不健全、完善,必须通过科技成果转化服务、产业技术平台建设服务、产业投融资服务等多种企业服务促进发展要素聚集与模式的成熟。所以,尽管新兴产业从国家层面、社会认知、技术研发等角度都出现了比较向好的发展势头,但还是存在一些问题需要通过创新的服务体系予以解决和改善。

(三)促进新旧动能的互促、融合与壮大

我国各级政府都要加快推进新旧动能转换重大工程,特别是随着现代服务业在整个国民经济中的地位和作用不断提升,已成为新旧动能转换的“主引擎”和“助推器”。无论是传统动能、产业、产能的升级,还是新动能、产业、技术的孵化培育,都不能相互分离、分割、分散,更多的是融合发展、协同合作的过程,企业服务可以促进新动能对传统动能的作用与影响,同时又促进新动能的快速发展与壮大,从而实现新旧动能的相互作用、相互促进发展。

(四)促进产业多层次融合协同发展

当前,企业发展已经进入资源互联、要素互通、发展协同新阶段。任何一个区域、任何一个产业、任何一个企业、任何一个产品,都与多产业间协同、区域之间协同、全球资源供应与市场需求协同密不可分。而单一指望一个企业、一个区域达到这种全球互通互联是无法实现的,而企业服务则可把这种愿望变成现实,通过企业服务体系集聚多产业、多层次、多领域、多方面的资源和要素,借助创新的服务理念和模式助推传统产业和新兴产业实现全链条资源整合的新时代发展态势。

(五)促进产业与市场趋势需求、供应的对接

目前,市场需求与企业发展潮流快速变化,只有准确地预判发展趋势，前瞻布局趋势需求，进而去满足市场需求、设计市场需求、引领市场需求，才能牢牢抓住产业发展的主动权与市场需求变化的先机。企业服务恰恰对把握趋势、创新趋势、创造趋势具有重要的功能，更多从市场化运作和发展的角度去思考和创新，迭代和强化产业服务的内容和理念，从而使企业服务完美匹配市场需求现状，对接市场趋势需求与供给。

第三节 服务创新的基本类型和理论基础

一、服务创新的基本类型

在服务创新的研究中，针对创新基本类型的分析是最多的，其研究也最为全面和深入。学者们发现和总结了服务业所包含各种创新类型，并与制造业的创新类型进行比较分析，目前已初步形成体系。但是各个学者在研究方法、具体分类和语言表述上存在一定差异，因此造成了一定的混淆和误差。

（一）制造业的创新类型

在对服务创新基本类型阐述之前，首先简单回顾制造业中的创新类型。按照广义创新，制造业中的基本创新类型包括技术创新、组织创新、市场创新、管理创新和制度创新，其中技术创新是制造业创新的主要形式。

技术创新还可以按照多种标准进行划分，按照创新程度可以分为两类：根本性创新和渐进性创新。按技术变动方式不同，可以分为四类：局部性创新、模式性创新、结构性创新和全面性创新。按照创新对象可以分为两类：产品创新和工艺创新（过程创新）。

这里忽略了对技术创新以外的非技术创新形式如组织创新、市场创新的细分，主要是由于技术创新是制造业最常采取并占据主导地位的创新类型，它是推动制造业发展和竞争力提升的最重要方法，学者和产业界对它的关注远远超出其他创新类型。这种“重技术”而“忽略非技术”的现象反映出制造业中存在较为严重的“技术偏见”。

(二)服务创新的分类

我们可以把服务创新分为两大类:技术创新和组织创新。这至少反映了两方面的问题:第一,学者们长期受制造业中技术创新的影响,认为很多服务创新也是由技术维度引起的,并将技术创新作为服务创新的主要形式。但事实上,技术只是服务创新的一个维度,技术创新也只是服务创新的一种主要形式,服务创新更多是由非技术要素引起的。第二,学者们认为组织创新在服务业中相当重要。从创新对象上将服务创新分为四类:产品创新、过程创新、组织创新和市场创新。依据服务特性,将服务创新分为三类:产品创新、过程创新和传递创新。随着研究的深入,更多学者开始关注服务业本身特有的创新形式,并发现了许多用技术维度无法解释但相当重要的创新形式,如“专门化”创新和其他学者提出的结构(重组)创新、形式化创新等。这些非技术性的创新在服务业中更为普遍和重要。

服务创新的某些形式与制造业创新形式类似,比如都包含了产品创新、组织创新和市场创新等。虽然名称非常相似,但在创新内涵上存在一定差异,其中不同创新类型的性质和驱动力各不相同,在不同服务业中的具体表现形式也有所不同。更重要的是,服务业还包括一些自身独有的创新,例如,“专门化创新”“形式化创新”“传递创新”等。这些创新类型都是由服务本身的特性所决定的,并在服务业中发挥着重要作用。

产品创新:指对市场而言的全新服务产品的开发。这种创新包含的范围最为狭窄,对创新对象的描述也最为准确,它与制造业的产品创新很类似,只不过并不表现为一个有形物品,而是一种全新的服务概念、过程或方法。由保险公司设计和开发的一个全新险种就是产品创新的典型例子。

过程创新:从广义上讲,服务的过程创新就是产品创新。这是因为,服务在本质上是一种无形过程,服务产品在很大程度上就是服务过程，很难在产品创新和过程创新二者之间进行明确的区分。从狭义上讲，过程创新是指服务生产、传递的程序或规程的变化，它是针对某一服务的运作和传递过程而言的。过程创新可以分为两类，第一，生产过程的创新，称为"后台创新"；第二，传递过程的创新，称为"前台创新"。一项新的洗涤程序的引入就是过程创新的一个例子。

组织创新：服务组织要素的增减，组织形式和结构的变化，管理方法和手段的更新。如某种激励系统或柔性组织、自我管理团队的出现等都是组织创新的典型例子。

市场创新：服务企业在市场中的新行为，包括开辟全新市场，在原有市场内开发新的分市场，进入另一个行业和市场以及在市场上与其他行为主体间关系的变化等。

技术创新：已有技术或新技术在服务组织中的引入而产生的创新，如家庭银行的出现、ATM等。

传递创新：服务企业的传递系统或整个服务产业传递媒介中的创新，包括企业与顾客交互作用界面的变化。传递创新充分反映服务创新的顾客参与和交互作用的特性。服务创新方式的优劣和效率的高低直接影响服务提供的结果和顾客感知的服务质量。传递创新与过程的"前台创新"经常是同一创新，而某些技术创新也可以看作传递界面的创新，如ATM的采用，交通运输部门经常采用的"户对户"的服务方式就是传递创新的典型例子。

重组创新：又称"结构创新"，指服务企业在现有知识库和轨道的基础上，通过将已有服务要素进行系统性的重新组合或重新利用而产生的创新。这种创新通过三种方式得到实现：新服务要素的增加；两种或两种以上已有服务要素的组合；已有服务要素的分解。结构创新模式已经成为服务企业创新的重要模式。关于它有如下一些解释。

第一，企业实施结构创新的能力依赖于其掌握的知识和技术能力。它要求"服务产品"具有一定的模块化结构，即"服务产品"能被分解为可以清晰识别和定义（能严格的识别和区分服务产品包含的各种要素）。服务产品的模块化会导致服务活动具有更高的正式化程度，并由此引发服务企业“标准化”和“模块化”生产方式的出现。

第二，结构创新模式还可能在产业水平上发生，即若干最初独立的服务部门相互关联和集结并形成一个系统化的创新体进行创新，这也是结构创新的一种表现形式。如由超级市场、保险公司、银行和咨询服务等形成的系统就是产业层次创新的典型例子。

第三，创新的重组模式可以包含很多要素的组合，如知识、特性、产品、服务、人力资源和制度等，具体哪些要素被组合取决于服务企业对本地创新系统和创新网络的分析。

专门化创新是指“针对某一顾客的特定问题在交互作用的社会化过程中构建并提出解决方法的创新模式”。这种创新模式在知识密集型服务业中广泛存在并相当重要，如咨询服务业最主要的创新模式就是“专门化创新”。“专门化创新”在“顾客—服务提供者”界面上被生产出来，由顾客和服务提供者两者共同完成，因此创新的实际效果不仅依赖于服务企业本身的知识和能力，还取决于交互界面中客户组织的专业知识和能力。“专门化创新”是一种“非计划性”创新，它不像其他创新在开始之前就能进行某种计划和安排，而是一种“进行”中的创新，从服务提供者的角度看，“专门化创新”与积累性的学习过程密切相关，它会产生新的知识和能力并被解码，而解码后的知识和能力能够在不同环境中重复使用。换句话说，“专门化创新”引起的变化是通过经验积累的解码而形成的持久和正式的状态变化，并由此扩大了企业的组织记忆。此外，“专门化创新”中“服务提供各顾客”界面的存在有助于限制这种创新的可复制性，在一定程度上对创新起了保护作用。

以上各种服务创新类型有一个共同特点，即服务要素都发生了某种定性或定量的变化。“形式化创新”不发生定量或定性的变化，而是各种服务要素的“可视性”和标准化程度发生变化。它经常通过以下一些方式获得实现，将服务要素变得更加“有序”；对服务要素进行详细说明；减少服务要素的模糊性，使其更加具体有形，赋予服务要素以具体形式等。在很多服务业尤其是知识密集型服务业中都会发现这种创新形式的存在。需要指出的是,"形式化创新"过程会使服务要素的标准化程度提高,这为"重组创新"提供了条件,因此一般在"形式化创新"之后紧跟着"重组创新"的实施。

在服务活动中,服务特性和功能的"有序化"经常是"结构化创新"或"组合创新"实施的前提。因此,类似咨询业的服务实现产业化的可能较小。

一般而言,服务的无形性和"关系"特性越强,其创新类型越独特;而有形度越强,创新类型与制造业就越接近。①

二、服务创新的相关理论基础

(一)创新理论

1.创新的定义

创新理论的代表人物是美国奥地利裔经济学家熊彼特,他把创新作为经济增长的核心,研究资本主义经济发展的实质、动力与机制,探讨了经济发展的长期趋势,而其追随者曼斯菲尔德(E·Mansfield)等人则发展了他的技术创新理论,戴维斯(L·E.Davis)等人则对制度创新理论做了更深入地研究,形成了熊彼特创新理论学派。

熊彼特所说的"创新",指的是一种"创造性的破坏",是"生产要素的重新组合"。他认为,经济增长是一个纯数量的静态的过程,是一种处于循环流转的均衡发展状态。而经济发展是一种动态的质变过程或生产方法的新组合,通过创新和有创新精神的企业家的创造性破坏,引起产业突变,进而推动经济的发展。经济均衡是暂时的,以创新出现的知识是经济增长的发动机,经济增长是一个创新、扩散、再创新的动态过程。在经济处于平衡时,企业的利润近乎枯竭,迫使企业家寻找新的创新。因此,经济发展的机制是创新,经济发展的动力主要是个别企业的垄断利润和企业家精神,创新是建立一种新的生产函数,把一种从来没有过的关于生产要素和生产条件的新组合引入生产体系,实现生产方法的新组合。

①黄锐,郝磊. 企业服务创新类型及其基本驱动力分析[J]. 商业时代,2012(22):82-84.

熊彼特认为，创新（新组合）的形式包括五种情况：第一，采用了一种新的产品，它是消费者不熟悉的或是具有新特征的产品。第二，采用了一种新的生产方法，这种方法可能在科学上不一定成熟或者仅仅是商业上经销商品的一种方法。第三，开辟了一个从未进入过的新市场。第四，控制或掠取了新的生产原料和半成品的供应来源。第五，实现了一种新的工业组织形式，如形成或打破了一种垄断或实现了跨国经营。

由此看来，创新的内容不仅是技术创新，还包括制度创新和管理创新。在创新的全过程中，熊彼特强调创新者的作用。他认为那些对企业的发展具有远见卓识，对发明或新资源开发高瞻远瞩，对审度其经济潜力具有特殊天资并使其在投入使用后不断臻于完善的企业家群体的存在，是促进创新机制运行、推动经济发展和社会进步的先决条件。显然，熊彼特的创新概念过于强调经济学上的意义，定义过于严格。

后来，许多研究者对创新进行了扩展性的定义，有代表性的定义有如下几种：第一，创新是开发一种新事物的过程。这一过程从发现潜在的需要开始，经历新事物的技术可行性检验，到新事物的广泛应用为止。创新之所以被描述为一个创造性的过程，是因为它产生了某种新的事物。第二，创新是运用知识或相关信息创造和引进某种有用的新事物的过程。第三，创新是对一个组织或相关环境的新变化的接受。第四，创新是指新事物本身，就是指被相关使用部门认定的一种新的思想、新的实践或新的创造物。第五，创新是指包括知识创新、技术创新、观念创新等在内的一切弃旧图新的精神和行为。第六，创新是指在前人已经发现、发明的成果基础上做出新的发现，提出新的见解，开拓新的领域，解决新的问题，创造新的事物或者能够对前人、他人已有的成果做出创造性的运用。

不难发现，创新包含的范围非常广泛，可以说各种能提高资源配置效率的新活动都是创新。综合上述观点，我们可以从本质意义上理解创新：创新是人们为实现一定目的，遵循事物发展的规律，对事物的整体或其中的某些部分进行变革，从而获得可以更新和发展的活动。这种更新与发展，可以是事物由一种形态转变为另一种形态，不完善形态转变为完善形态等；也可以是事物的内容与形式由于增加新的因素而得以丰富、充实、完善等；还可以是事物结构内部构成因素的重新组合，这种新组合导致事物的结构更合理、功能更齐全、效率更高。

2. 创新的基本特征

创新的本质特征是求异。创新是在人类文明、政治文明和精神文明的一切领域、一切层面上，能先于他人，见人之所未见，思人之所未思，行人之所未行，从而获得新发展、新突破。一般来说，创新具有如下特征。

（1）高风险

创新活动涉及许多相关环节和众多因素影响，从而使得创新的结果呈现出不确定性。创新的程度越高，不确定性就越大。实践表明，大约只有1/10的专利能转变成创新，创新活动需要大量的投入，创新活动面对大量的竞争对手，这都给创新者带来了风险。首先，创新，特别是技术创新需要相应的大量投入，而且这种投入有时不只局限于研究开发阶段，还延伸到生产经营管理阶段和市场营销阶段，这些投入能否顺利实现价值补偿，受到许多不确定因素的影响，如技术本身、社会、市场、政治等。其次，信息具有不对称性。一般来说，创新者都知道自己所创新的内容和方向，但并不知道其他人或其他企业正在从事哪些创新活动，那么，就有可能会出现这样的后果：一个企业花费了巨大投入搞出的创新，最终却发现只不过是步人后尘，甚至可能被最终证明是毫无价值的。最后，创新的利润回报事先很难估计。所以，创新是一项风险极高的活动。

（2）高回报

在经济活动中，高风险与高收益是并存的。创新活动也是如此，尽管成功率较低，但一旦成功，利润是相当可观的，如通过创新获得高额收益的微软公司。微软于1975年创办之初，产品仅有1种，人员仅有3名，年收入仅有1.6万美元，由于比尔·盖茨等人不断创新，微软一跃成为巨型跨国公司,获得了巨大的经济效益。

(3)受抵制

创新活动通常受到来自各方面的排斥、压力和抵制。习惯于原有生活方式和思维方式的人们通常不欢迎任何改动和变革。创新者突破的是原有的传统,因此,群体通常对创新者施加强大的阻力,力图使他们回到传统规范中来。所以,“创新恐惧症”即对变革的“恐慌”是现代组织——企业、学校、政府的一种通病。

(4)重创造

创新的创造性表现在它所应用的技术是以前未使用过的新技术,或者是现有技术中的某些改进,和传统相比,创新活动无疑是创造性活动。

(5)综合性

创新活动是许多人共同努力的结果,即众多人的投入产出活动。创新不仅需要企业家的冒险精神和组织管理能力,也需要科学技术工作者的理论知识和技术,还需要创新活动的具体执行者密切配合。只有科技工作者和生产工作者以及管理工作者共同协作,才能使创新达到预期目的。

3. 创新的类型

笔者认为创新应分为制度创新、管理创新、产品创新、技术创新四方面,并根据此分类对创新战略选择进行具体分析。制度创新,新制度、新政策的制定;管理创新,是指企业根据现代管理的客观规律,适应形势的变化,运用新的更有效的方式、方法对生产要素、生产条件、生产组织等进行重新整合,以期更有效地达成企业目标的过程;产品创新,新产品(服务)的生产和销售;技术创新:是组织的主要生产活动,为新产品或新服务执行新的概念,或在组织产品服务的营运中引进新的要素。

(二)服务创新理论

1. 服务创新概念

我们可以将服务创新概念定义为一种新的、有意义的变化,这种变化可能分别单独地发生在服务理念、与客户相互交往的渠道、技术理念、服务传递等之中，也可能同时发生在它们的多个组合之中。这种变化会导致企业技术、人力资源、组织能力、企业架构等结构性的变革，引致企业的一种或多种新的服务功能的产生，进而改变企业在市场上销售的产品和服务。

服务创新是一个相当宽泛的概念。宽泛指服务创新活动发生的范畴不只局限于服务业本身，其他产业和部门中同样大量出现。服务创新发生的范畴可以划分为三个层次：服务业、制造业、非营利性的公共部门。可以从广义和狭义两个层面对服务创新概念进行界定。从广义上讲，服务创新是指一切与服务相关或针对服务的创新行为与活动；从狭义上讲，服务创新是发生在服务业中的创新行为与活动。笔者探讨的是狭义的服务创新。

服务创新的内涵包含以下几方面：①服务创新是一种无形活动，其最终表现形式也以无形为主，同时融合了部分有形性。②服务创新的新颖度范围较广，并且是可复制创新和解决特定顾客问题的不可复制创新的混合体。③服务创新形式具有多样性，技术只是其中一个维度，有几种创新形式是服务业特有的，例如，“专门创新”“形式化创新”“传递创新”以及“社会创新”等，这些创新形式在服务业中占有重要位置。④服务创新的“顾客导向性”非常明显，顾客作为“合作生产者”积极参与整个创新过程，创新更多的是一种需求推动现象。⑤服务创新具有较强的企业专有性和一定的产业扩散性，一方面可模仿性较强，进入障碍较低；另一方面某些创新是一种特定创新，具有不可模仿性。

2. 服务创新的特性

对服务创新特性的理解是进一步研究服务业创新流程与体系的必要基础，也是掌握服务业服务创新与制造业技术创新区别的关键所在。服务创新的特性源于服务的自身特性，以下为服务创新的特性。

(1)服务创新的内涵比制造业创新丰富得多

服务创新可能是技术创新，但更多的是非技术创新，如组织创新、结构创新等，技术只是其中的一个维度。因此，理解服务创新不能从狭隘“技术决定”观点出发,而要从更为广阔和多维的角度进行考察。服务创新或是新服务产品的创造,或是新技术引入,或是新知识和信息的产生,或是对待某事或某人的新途径合法方法,或是服务员工新的行为,或是新的组织形式,或是新的市场开拓等。

(2)服务创新过程是一个较技术创新更为复杂的过程,顾客积极参与创新过程

与制造业的技术创新相比,服务创新最显著的一个特点是顾客积极参与创新过程。服务创新过程包含很多部门和个人的参与,其中部门之间、部门与个人之间、个人与个人之间都存在较复杂的交互作用。顾客的参与以及众行为主体的参与,表明服务创新是一个比制造业技术创新复杂得多的过程。在制造业的生产过程中,顾客只是最终产品的被动接收者或使用者,不参与产品的生产和传递,也不与制造商发生交互作用。从顾客参与的角度看这种生产过程称为“独立生产”过程。

服务业的生产需要顾客积极参与到整个生产和传递过程中,并与员工发生大量交互作用,因此这是一种“合作生产”过程。这两种过程的对比反映出服务业与制造业性质上的差异,导致两者创新过程的重大差异。很多服务创新产品是在与顾客的交互作用中根据顾客需求生产的,是在不同环境中针对特定非标准化问题产生的,因此是一种“特制”产品。顾客以各种不同形式积极参与服务创新过程是服务创新最重要的特性,知识密集型服务更是如此。描述顾客参与服务生产特性的术语有“合作生产”“服务生产”“服务关系”“真实一刻”和“生产消费”等。

服务创新过程的复杂性还体现在其实施过程的灵活性上。服务企业可根据需要跳过某些阶段和步骤,有时则可以几个阶段和步骤同时进行。这种灵活性对于确保创新顺利、高效地进行具有重要作用。

(3)服务创新过程包含了相当丰富的交互作用,包括内部和外部的交互作用

服务创新以顾客需求为导向,在与顾客的互动作用中创新。顾客不仅是创新思想的重要来源,而且作为“合作生产者”参与创新。服务企业只有与顾客进行持续不断的交互作用,才能更好地了解顾客需

求,由此改善服务质量,提高顾客满意度。除了与顾客的交互作用外,服务企业还与知识和技术供应商、设备供应商等外部行为者发生交互作用,交互作用质量的好坏同样会影响创新的最终效果。服务创新在企业内部同样是一个交互作用过程,其中员工和经理人员以正式和非正式的方式参与到不同的交互作用中。

(4)产品创新和过程创新在服务业中的区分要比在制造业中困难得多

对于服务企业而言,服务不是一个有形实物产品,而是一个标准、一个规程、一种过程。在本质意义上,服务"产品"就是服务"过程"。服务在大多数情况下不能被存储,它必须在生产的同时被消费掉,这意味着在服务中产品不能完全和过程分离,很难在没有改变过程的情况下改变产品。因此,当创新发生时,很难在产品创新和过程创新之间划分一条明显的界限,两者经常是同一创新。

(5)服务创新所遵循的轨道形式多种多样

服务创新经常以某些轨道为基础,它包含的轨道种类比制造业的创新轨道种类更加丰富,包括"服务专业轨道""技术轨道""社会轨道""制度轨道"或"管理轨道"等。需要指出的是,服务企业在创新活动中持有相当大的灵活性,可以同时包含几个轨道和相关行为者。

(6)新服务的生产方式具有多样性

服务企业不仅可以根据顾客需求采用"顾客化(定制化)"的生产方式提供新服务产品,还可以根据新服务产品的特性采用"标准化"的生产方式提高效率和扩大规模。除此之外,越来越多地服务企业已开始将"标准化"和"顾客化"整合进一个模块化系统当中,采用"模块化"的方式进行新服务的开发和生产。这种方法既在一定程度上提高了新服务开发的效率,又能较好地满足顾客需求。因此,新服务的生产较制造业大规模、标准化的单一生产方式明显呈现多样化的特点。

(7)服务创新知识产权保护的困难性

由于服务业创新的无形性特征,使得服务企业研发绩效较低,从而引起知识产权的保护问题。服务业很难从竞争者的抄袭模仿中保护其产品和过程创新,所以缺乏创新的动力。尽管竞争性复制严重阻碍了服务业的服务创新，但服务企业可以寻求可供选择的方法和事物，来捍卫其在知识创新方面的领导地位。

第四节 企业服务创新的重要性

一、企业服务创新的概念

服务创新是指通过非物质制造手段所进行的增加有形或无形“产品”之附加价值的经济活动，是以满足人类需求为目的的软技术的创新活动，是使用户感受到不同于从前的崭新内容，是指新的设想、新的技术手段转变成新的或者改进的服务方式。服务创新的关键在于如何将以前没能实现的新颖服务，突破限制提供给客户，将新服务概念应用于工程设计的后期，创建更先进的客户接口、建立更有效地传递系统。服务创新可以是对世人和市场都是全新的，也可以是对现有服务组成进行微小调整而让客户感受到全新的服务形式。

二、企业服务创新的重要性

服务是通过产品销售所采取的行为、提供的利益和满足感，而创新是创造与革新的合称。所以，服务创新即要求创造优质的服务和满意的顾客来增加市场份额。服务创新重要的一点是服务创新必须具有一定的市场效益和社会意义，能为经营者带来现实的和潜在的经营成果，实现企业经营目标，使用户得到最大满意。

消费者满意度和企业的盈利能力与服务质量是紧密相连的，在产品价格和质量很难再有突破的情况下，服务创新就显得特别重要。

（一）竞争时代需要服务创新

竞争给企业带来前所未有的机遇。谁能把握市场瞬息即逝的机会，大胆开拓，勇于创新，以形成自己的优良品牌，拥有高新的技能，健全的管理体制，也就是说谁能拥有自己强劲的竞争优势，形成独特的核心竞争力，谁就会在竞争中立于不败之地。核心竞争力是企业永恒竞争优势的来源和基础。而核心竞争力的培养和发展不仅仅要求优秀的产品品牌、高新的技术，也离不开服务创新、服务特色。只有不断改进完善传统服务营销模式，进行服务创新，才能真正形成自己的核心竞争力。从另一个角度看，消费者的消费理念、消费行为等已日趋成熟，消费者变得更加挑剔、精明，平庸的服务再也不能赢得消费者，优质服务、创新服务已成为企业成功的金钥匙，是企业的一项永无止境的课题。

（二）科技时代需要服务创新

当今时代是科技时代，科技发展日新月异，生产技术水平不断提高，这不仅提高了生产力，还带来了数不尽的新材料、新技术、新工艺，比如纳米技术的产生，克服了许多以往的难题，新产品层出不穷。企业生产任何一种产品或新产品都很难在较长时间内始终占有较高的市场，唯有不断提高服务水平，顺应时代要求，为消费者提供良好的服务，才能真正使消费者保持对本企业产品的信赖，而服务水平提高的一个重要方面就是服务创新。随着科技进步带来的产品结构、功能等的复杂化，产品的使用也越来越困难，一本小小的操作手册已不能使消费者满意，企业应该提供更具体的服务，才不会使消费者放弃你的产品而“另谋高就”。可见科技时代，服务创新也显得非常重要。①

三、企业服务创新的重要途径

（一）选择忠诚员工

忠诚员工是企业最重要的宝贵的精神财富。有位经济学家提出一个公式：“人品+质量=品质。”这里的“质量”是指产品的性能、材料、使用期限外观等技术指标；“品质”是指消费者对产品满足市场需要的品位、知名度、名誉等的客观评价；“人品”就是人的思想品质、职业道德、责任心等。公式告诉我们人品决定着产品质量品位。无论什么产品，整个过程不仅仅是人与物打交道，而首先是人与人的关系。产品品质说到底是人对人讲的良心、信誉、责任，只有人品高尚，时时为消费者着想，产品的品质才能提高，企业始终以一流的产品和一流的服

①徐思雅．服务创新能力对企业绩效的影响：商业模式新颖性设计的调节作用[D]．杭州：浙江大学，2014.

务为顾客效力，才能获得良好的经济效益。

（二）消费者参与产品的设计

服务创新应从设计产品开始，要求产品中体现服务，就必须把顾客的需要体现在产品的设计上。托夫勒（Toffler）在《第三次浪潮》一书中写道："积极的创造商今天征求甚至支付报酬，请消费者帮助设计产品。这不仅在直接销售给顾客的产品的工业方面，如食品、肥皂、化妆品等，甚至先进的工业部门，如非群体化发展最为迅速的电子工业，情况也是如此。""消费者正愈来愈成为生产过程中的一个组成部分。"在产品设计中体现服务，是一种创新策略。只是服务的开始，而不是服务的全部，为使顾客满意企业必须建立售前、售中、售后服务体系。

（三）文化融入企业

服务创新同样也需要文化，浓厚和完善的企业文化可以激发员工对优质服务的追求。怎样让企业文化与企业服务结合起来呢？应该让员工形成一套内在的行为准则，在面对消费者时能灵活运用这些规则。强有力的企业文化应该以消费者为导向，把消费者的事情当作自己的重要事情来看待，树立顾客至高无上的思想。日本曾经以极其惊人的速度实现了经济的复苏与腾飞，一度超过美国而成为资本主义世界的头号经济强国。其成功的秘诀就是企业文化。日本的企业文化对员工产生了极强大的凝聚力和感召力，使企业的人、财、物、技术、资源等有效地结合起来，发挥出惊人的高效率。

第二章 现代企业服务管理创新

第一节 企业服务流程

一、服务流程的分类

（一）服务流程概念

所谓的流程是指一个或一系列连续有规律的行动，这些行动以确定方式发生和执行，导致特定的结果的实现，它是一个或一系列连续的操作。最简单的流程是由一系列单个的任务组成，有一个输入和一个输出，输入经过流程变成输出。

从组织的角度看流程是组织执行某项任务，开展某项业务活动的程序或步骤。服务流程的界定服务提供系统设计其实就是运营流程设计，运营流程的一般定义是指企业把一定投入变换为一定产出的一系列任务，这些任务由物流、人流、信息流有机地连接在一起。对于一个制造业企业来说，产出的主要是有形产品，投入的是原材料、设备、技术、熟练劳动力等资源，其中的一系列任务包括原材料加工、零件制作、产品组装等，不同的任务之间需要通过库存、搬运等物流活动有机地连接到一起；而对于服务业企业来说，产出的主要是服务，其中的一系列任务包括接待顾客、与顾客沟通、按照顾客的不同要求为顾客本身或顾客的物品提供服务，其服务流程主要由提供服务所经历的步骤、顺序、活动构成。因此，服务流程就是服务组织向顾客提供服务的整个过程和完成这个过程所需要素的组合方式，如服务行为、工作方式、服务程序和路线、设施布局、材料配送等。

从运作管理的角度出发，服务流程可视为服务组织对服务对象——

顾客和必需的信息与材料进行“处理”的过程的组成方式。

（二）服务流程定位

1.服务流程定位

服务对象，服务要求的不同和竞争态势的差异，要求服务组织在服务流程的选择上做出战略性的决策。准确定位的决策是在服务所需求的复杂性（难度）和多样性（选择性）基础上制定的。利用流程结构复杂性和多样性的程度，我们可以为金融服务行业绘制一张市场定位图。

服务业的各类服务组织都可以在这个图上找到自己的定位。如休闲设施、酒店、医院等。市场定位图是一种相互的比较模型，可以得出服务组织的市场定位并用于寻找市场空白与竞争对手。在所有的服务行业中，我们可以看到企业在与他们的竞争对手相比较定位时，流程结构图可向各个方向移动。

2.服务流程设计的一般过程

服务流程是富有创造性的作业，它能够提供一种与竞争对手有所不同的服务概念和战略。服务流程的设计过程是复杂的，对于一个好的服务流程，应当详细指明顾客何时何地会提出何样要求、何时将会离开、在服务过程中顾客与服务流程之间有什么样的接触、顾客是否有可能改变流程等。当系统开始运转后，在条件允许的情况下，要不断地对服务流程进行修正，以提高流程运作的效率。服务流程设计的一般过程包括如下内容与步骤：①确定提供服务产品的服务流程的类型。②根据服务流程的类型选择服务流程设计的基本方法，以明确服务提供的基本方式和服务生产的特征。③解决服务流程中的瓶颈问题。④对服务提供（生产）系统进行总体描述和规划设计。⑤选择基本的流程技术。

（三）服务流程分类

根据定位，我们可将服务流程进行分类。服务流程可基本分为两类，服务差异高的流程和服务差异低的（差异化和标准化）流程。然后再按流程服务的对象划分为三类：对顾客、对信息、对有形物品的服务过程。再按顾客与服务者的接触分为无接触、间接接触、直接接触三种流程,直接接触又分为自助式服务和全面服务接触。服务流程的分类提供了在不同类型的组织中不同的服务过程,这有助于我们理解服务设计及其管理。

1.根据产品差异化的程度分类

(1)标准化服务(低差异性)

标准化服务通过范围狭窄的集中的服务获得高销售量。这是一项日常工作,不要求工作人员有较高的技能,由于服务性质的简单重复性,自动化更多地来代替人力(如使用售货机、自动洗车)。减少服务人员的判断是实现稳定的服务质量的一种方法,但这也可能会产生一些负面的后果。这些概念在后面的讨论中被称为服务设计的生产线方法。

(2)专业化服务(高差异性)

对专业化服务来说,完成工作需要较多的灵活性和判断力。另外,在顾客和服务人员之间要适时地进行信息沟通。因为此类服务过程无固定模式可循且未被严格界定,因此需要高水平的技巧和分析技能。为了使客户满意,服务人员应被授予较大的自主决策权。

2.根据服务对象的不同分类

(1)处理实体产品的服务

处理实体产品的服务即物品处理,是作用于顾客有形资产的行为,这些服务要求顾客提供其物品,但不一定要求顾客在场。如包裹递送、服装洗涤、家电修理等。在很多情况下,顾客将其物品留给服务组织,或服务组织上门服务,顾客只需要给出足够的进行服务的信息和指示即可。汽车修理和草坪修剪是两个最典型的例子。在这两种情况下,服务接触的时间都很短,除非顾客选择在服务期间停留在那里。当涉及实体产品时,一定要分清楚它是属于顾客的还是由公司本身提供的(辅助产品)。如干洗或汽车修理,服务作用的客体是属于顾客的,因此工作人员一定要注意不要让它有任何损坏。另外一些服务中服务企业提供辅助产品,并将其作为服务的重要组成部分,管理中必须考虑这些辅助产品适当的库存和质量。如麦当劳餐厅对食品购买的关注。

(2)信息服务

信息服务即信息处理,作用于顾客无形资产的行为,以处理顾客的钱财、文件、数据等。在顾客和服务组织接触并提出要求后,顾客就没有必要在场或参与其中。这些服务的本质和现有的技术水平使得顾客几乎不需要与服务人员面对面的接触。如许多银行服务可以通过电话、互联网和ATM完成。但是,仍然有许多服务,顾客宁愿通过面对面服务来得到,如开设新账号或申请住房贷款等。所有服务系统都会处理信息(接收、处理和操纵数据)。有时,这是一种后台行为,如在银行处理支票;在有的服务中,信息的沟通是以间接的电子方式进行的,如电话查账,工作人员可能会在电子屏幕前花上若干小时;有的服务如咨询顾问,顾客与工作人员直接接触以进行信息交流。对于那些高技能的员工,妥善处理非常规问题有利于提高顾客的满意度。

(3)对人员的服务

对人员的服务包括作用于人体的行为,服务的结果使人体(身体状况外形、地理位置等)发生一定的改变。例如,心脏病手术、航空服务、美容美发餐馆等。这些服务要求顾客在服务过程中必须在场,即身处服务设施内。在这些情况下,顾客与服务组织及其员工和设施在一段较长的时间内有紧密接触。另外,对人员的服务还包括作用于人的精神的行为,服务的结果主要对顾客的精神发生作用,使顾客感到愉悦、增加知识、得到信息、改变想法等。提供这些服务有时并不要求顾客身处服务设施内。如对于电视或广播节目、移动通信等服务,消息是顾客与服务组织的唯一接触。但在另外一些情况下,如传统的教育机构、音乐厅和咨询机构,顾客也必须在场。因此在后者的情况下,与顾客面对面的服务提供者的行为决定了顾客对所接受的服务的感受。此外,如果顾客身处服务组织的设施内,其物理环境、服务组织的政策以及其他顾客都有可能在顾客形成服务感受的过程中发挥重要作用。

人员处理过程涉及实体形态的变化（如理发或手术）或地理位置的变化（如乘车及租用小汽车）。由于这类服务的“高接触”性，服务人员不但要掌握技术方面的技巧，还要掌握人际沟通的技巧。对于服务设施和地址选择也应引起注意，因为顾客要亲自出现在服务系统中。

3. 根据服务接触的程度分类

顾客与服务传递系统可以有两种基本的参与方式。

（1）服务过程中顾客直接参与

在这种情况下，顾客会对服务环境有彻底的了解。直接顾客参与又可分为两类：与服务人员无交互作用的自助服务和与服务人员有交互作用的自助服务。自助服务很有吸引力，为客户在必要的时候提供必要的劳动。服务中技术的高效应用取决于那部分愿意使用这种设备的顾客，如自动售货机。当顾客愿意与服务人员直接参与时，上面所讨论的所有人员处理过程的问题对于保证服务的成功十分重要。顾客亲自出现在服务过程中会导致许多新的问题。

（2）顾客通过电子媒介间接参与或没有参与

顾客间接参与或没有参与的服务过程可能不会受到由于顾客出现在服务过程中而产生的问题的限制。由于顾客与服务传递系统隔离开来，所以可以采取更类似于制造业的方法。关于场所选址、人员配置、工作安排、员工培训等的决策可以从效率的角度考虑。事实上，非顾客参与产品处理的组合通常可以看成是制造活动。如干洗是批量生产，汽车修理是单件生产。银行是这三种方式都存在的例子。如提出一项汽车贷款申请需要与负责人直接会晤，贷款的支付可以通过电子转账完成，而贷款的财务记账由银行后台人员完成。

二、服务流程的设计方法

服务流程的设计是从服务提供系统的总体出发，确定服务提供的基本方式和生产特征，服务的关键在于设计服务系统自身。总的来说，流程设计可以有三种方法。一种是在极端情况下，我们按生产线方式提供服务。此时，为保证稳定的质量和高效地运转，例行工作是在一种受控的环境中完成的。另一种方法是鼓励顾客积极参与——

自助服务法,允许顾客在服务过程中扮演积极的角色。这对公司和顾客都会有很多好处。还有一种折中的方法是将服务分为高顾客参与和低顾客参与。这样,在低顾客参与的条件下,服务过程的设计可以与顾客分开来考虑。实践中更多的是同时使用这几种方法的结合。如银行将支票处理过程与顾客隔离,使用自动取款机,同时还提供个性化的贷款服务。

(一)生产线方法

所谓生产线方法,是指将制造企业的生产线流程和管理的方法运用于服务企业的服务流程设计与管理。由于制造业的操作工人各自在生产流水线上完成一定程序的操作,因而效率很高,并且不容易出现差错。鉴于这种方法的优越性,许多服务企业引进了这种方法,用来指导服务流程的设计和管理。

服务系统设计的生产线方式有以下四个方面的特征:一是员工的权限有限。产品的标准化和稳定的质量是生产线方式的优势所在。对于标准化的常规服务而言,顾客更关注服务行为和过程的一致性。如除虫公司的每一个特许经营店都将提供质量和水平利同的除虫服务,达到一个相近的除虫率。这同制造业生产无差异产品的情况是一样的。

二是劳动分工。生产线方式要求将全部工作分为若干项简单的工作。这种劳动分工使得员工可以发展专门化的劳动技能,提高生产率。此外,在劳动分工的同时实行按劳取酬。

三是用技术替代人力,不断地开发新技术并用新设备来替代人力,促进了制造业的发展。现在这种方法也已经应用于服务业。如银行利用ATM替代办理存储业务的人员,减少了人工和劳动成本。

四是服务标准化,限制服务项目的数量有利于控制服务过程。服务变成了事先已规划好的常规工作、这便于顾客有序流动。标准化有利于稳定服务质量,而特许服务方式正是充分利用了标准化的好处,建立了全国性的组织,克服了服务半径有限带来的需求受限的问题。

运用生产线方法设计和管理服务流程,其目的是达到服务的高效

率和规范化。具体方法如下:

第一,明确合理的劳动分工,对工作任务进行简化。生产线方法的基本思路是把工作划分为各类较为具体的任务,使每个人的工作简化,并且只需要员工具备相应的一类或几类技能。这样可以提高服务效率,减少服务差错降低运营成本。

第二,采用各种设施替代服务人员的工作。这种方法要求在服务生产和提供活动的过程中尽量采用各种设施和技术替代传统服务的人工劳动。具体包括采用机械和自动化设备、信息系统等硬技术和现代管理系统等软技术。

第三,促使服务的标准化。对服务产品本身重新分析和定位,尽量减少其中的可变因素,使之标准化,为顾客提供稳定、规范化服务。只有这样,相应的服务系统才能进行标准化,也才能明确定义各类服务分工,从而制定相应的流程和操作规范,最终实现提高服务效率和规范化的目的。

第四,实现服务人员的行为规范化。通过行为规范化,可以提高服务质量的稳定性,提高服务效率,使所有的顾客都能得到一致的服务,减少人为因素的影响,提高服务质量和经营效率。

第五,控制服务人员的自主权。标准化和质量的稳定性是生产线的优势所在。对于标准化的常规服务,服务行为的一致性受到顾客关注和认同。因此,服务人员行为的标准化要求把个人的自主权控制在有限的范围内。

(二)顾客合作生产法

这种服务提供系统的设计方法鼓励顾客积极参与,允许顾客在服务过程中扮演积极的角色。一些本来由服务组织承担的工作转交给顾客来完成,这样一方面由于顾客变成了合作生产者而使服务企业的生产力得到提高;另一方面,顾客的参与也提高了服务定制的程度,进而提高了顾客的满意度。由此,顾客合作生产给服务企业和顾客都带来了利益。

如比萨饼屋公司的午间自助餐允许顾客自己选择沙拉和按角(而不

是整张)选购比萨饼,而不需要按照每位每位顾客的要求烤制。如果这家公司把目标集中在那些感意进行自我服务的人群上,那么,让顾客参与到服务过程中来便可以以某种程度的定制来降低服务成本。这种设计方法具有以下的主要特征。

1.降低劳动力成本

员工的工资在上升、劳动力成本在增加,促使服务组织用顾客参与来代替个性化的服务。银行使用的自动取款机和长途直拨电话就是一例。现代的顾客已成为合作生产者,并从低成本服务中得到好处。更可喜的是,一部分顾客实际上很欣赏这种自助服务。如大多数沙拉吧台允许顾客根据个人爱好选择沙拉的数量和种类。最后,因为在需要的时候为顾客提供了额外的服务,从而合作生产也减轻了供求不平衡的矛盾。

2.合作生产形成了一定程度的定制

一家比萨饼店允许顾客自己选择沙拉和按尺寸选样比萨饼。厨师们则接连不断地烹制卖得好的比萨饼,而不需要按照每位顾客的要求烤制。可见,一家服务企业如果把目标集中在那些愿意进行自我服务的顾客群,那么,让顾客参与到服务过程中来可以以某种程度的定制来支持成本领先竞争战略。

3.缓解暂时性的员工短缺

当服务组织面对需求高峰而出现人手相对短缺的现象时,可以由那些愿意积极参与服务过程的顾客提供额外的服务,从而使暂时性的供求矛盾得以缓解。

4.理顺服务需求

通常服务需求随着时间而变化,存在高峰期和低谷期,这会使服务组织在某些时候因服务能力不足而失去获利的机会,在其他时间里又会因服务能力的相对过剩而浪费资源。要想理顺服务需求,则必须有顾客的参与,使组织能够调整他们的需求时间,并使其与可获得的服务相匹配。此时,顾客进行合作生产的典型方式是提前预约。服务组织则通过价格优惠等措施鼓励顾客进行预约,或提供打折等优惠服务来把顾客引导到需求低谷期进行消费。如下午5点以后降低电话费或在滑雪胜地每周中期对缆车费打折。当这些理顺需求的策略失效时,也仍然需要顾客的合作,使他们愿意等待,从而达到较高的服务能力利用率。因为顾客等待有利于更大限度地利用资源,或许可在等候厅写下如下标语:"你们的等待会是我们低价的保证。"有的时候,顾客等待时间作为服务过程的投入,可能会招来一些非议,因为每个顾客的时间价值观是不同的。

要作为服务过程积极地参与者来承担新的、更具独立性的角色,顾客需要"培训"。服务提供者就扮演"教育"角色,这在服务业还是一个全新的观念。从传统来看,服务企业通常只依赖服务人员,而忽略了顾客。

随着服务变得日益专门化,顾客也要承担诊断角色。此外,执行的顾客也许会提供质量控制单,这在专业服务中是特别缺乏的。因此,服务效率的提高要依靠有知识和自信的客户。

(三)高低接触分离法

高低接触分离法是将一个服务提供系统分为高顾客接触的作业和低顾客接触的作业两部分,然后在每一个领域内单独设计服务过程。

高低接触分离法也叫技术核分离方法,这种方法的基础理论认为服务传递系统可以分为高顾客接触的作业和低顾客接触的作业。设计思路是将服务形态分为与顾客高接触部分和低接触部分,即前台和后台。后台如同工厂一样运行,在这里,所有的生产经营观念和自动化的设施均可使用。在前台,采用以顾客为中心的设计方法,将作业活动进行这样的分类可以让顾客感受到个性化服务同时又可以实现规模经营,以实现服务水平和服务效率的综合提高。

顾客接触是指顾客亲自出现在服务系统中,顾客接触程度可以用顾客出现在服务活动中的时间与服务总时间的百分比表示。按照顾客接触程度的不同,可以把服务系统分为三类:①接触程度较高的纯服务类型,如个体诊所、咨询、个人服务等,这类服务一般只有单纯的前台服务。②接触程度较低的制造型服务类型，如仓储批发等，这些服务类型以后台运营为主。③二者兼而有之的混合服务类型，如银行、零售、邮政等，在这些服务类型中，前台与后台运营都占据较大的比重。

在高度接触的服务中，顾客通过直接接触服务过程从而决定了需求的时机和服务的性质。服务感知质量在很大程度上由顾客的感受决定。而在低接触系统中，我们有可能将一些像工厂一样运作的部门封闭起来，客户不予接触。如公共运输系统的维修和医院的洗衣房都是一个服务系统中类似工厂的部分。

将服务提供系统按顾客接触程度分为两个部分，既可以让顾客感受到个性化的服务，同时又可以通过批量生产实现规模经济。这种方法的成功与否，取决于服务生产过程中顾客接触的程度以及在低接触作业中分离核心技术的能力。

高低接触分离法能否成功的关键在于服务生产过程中需要的顾客接触的程度大小，在低顾客接触服务中分离核心技术的能力高低。高顾客接触的活动对服务人员的人际技能要求较高，因为在这些活动中，顾客决定服务的需求并在一定的程度上决定服务本身，所以，服务的水平和任务是不确定的；而低顾客接触部分则可以与高顾客接触部分在实体上完全分离，按工厂运营的方式操作后台服务，充分利用企业的生产能力，这也充分体现了前台服务与后台服务分离带来的益处。航空公司在其运行中已有效地使用了这种方法。飞机的订票人员和机组人员穿着特别设计的制服，参加培训班学习接待顾客的礼仪。但在机场很少能见到行李工，飞机维修也像工厂运作一样在远处的机库进行。

运用高低接触分离法应特别注意与顾客接触程度的确定，因为这是划分高顾客接触与低顾客接触部分的主要依据。此外，由于技术分离设计方法还把服务系统分为前台和后台，并分别应用了不同的设计思想，因此，两个部分的衔接就成为影响服务系统整体运作效率的关键问题。[①]

三、服务流程中的瓶颈现象

对于服务流程的设计来说，有效的运作是必不可少的，那么必须辨别运作过程中的瓶颈现象，并寻找解决瓶颈的办法，才能提高整体服务能力。

（一）服务瓶颈含义

瓶颈是在产品格局中占据最长时间从而限定了全过程的最大流速的活动。为每个顾客花费时间最多的工作成为瓶颈作业。服务流程的瓶颈是由于工作的制度、程序不合理，管理机制不适应等原因限制了工作流。这种瓶颈的解决一般要求用全局的观点来分析工作流，借用先进的思想和技术来解决瓶颈。

找出服务运作过程中的瓶颈并加以消除，其重要性体现在服务业的收益大多数是来源于运作高峰时期的服务。这一点与制造业有很大的不同。制造业的收益一般比较稳定，波动较少。但服务业却不同，因此，对于服务业而言，研究瓶颈和寻找解决瓶颈的办法更为重要。

（二）服务瓶颈的类型

瓶颈可以分为两种类型：循环多次发生的慢性瓶颈和无规则的突发性瓶颈。当然，有些突发性瓶颈很容易变成慢性瓶颈。突发性瓶颈需要工人和管理者有一种“救火”的能力，而慢性瓶颈则更多地需要周密计划和应变能力。

1. 突发性瓶颈

突发性瓶颈可以分为三类。

（1）机器故障

服务运作中最危险的“大火”可能就是机器发生故障（机器指的是为提供服务所必需的设备，如计算机或其他仪器设备）。当“大火”发生时，人人紧张地围在机器旁献计献策或亲自动手修理，并且不得不

①李雯，樊宏霞．服务企业运营管理[M]．重庆：重庆大学出版社，2016.

改变服务流程。

有些机器故障是不可避免的，但很多机器故障是可以通过有计划的预防维护来避免的。然而，即使是一些最基本的维护措施也经常被忽视。这就像人们经常说的那样，一旦忙起来就顾不上对机器设备的维护，这种看法是不对的。因为机器设备的维护时间比发生故障导致停机的时间要短得多。而且有计划的停机维护不会太大影响服务运作，可以预先考虑如何处理停机期间的服务业务。因此，招聘擅长机器维护和修理的员工负责机器的预防维护，已经被越来越多的服务业企业所赞同和认可，并将其作为最能有效降低成本的措施之一。

(2)物料短缺

如果说不可预料的机器故障是最大的“火灾”，那么物料短缺则是最常见的事故情形了。常见的物料短缺是在流程的某处缺少原料或工具。有时候，其原因可能在于物料供应商，或者是企业内其他部门的责任。

(3)劳动力短缺

任何一个企业都可能遇到一些暂时的劳动力短缺不可预料的缺勤、退休或辞职。由于劳动力短缺而引起的暂时性瓶颈问题在服务业中很常见，特别是那些拥有大量临时工的企业。

与此相应的还有一个问题，那就是由于企业中某些员工正常的升迁而造成他们原来的工作岗位短时期内没有合适的人去填补，从而造成瓶颈。特别是当某些处于关键性岗位的员工在企业已经工作了很长时间，取得了优良的业绩。对于这样的员工，不给予他们升迁的机会是不合情理的，而他们离开原来的工作岗位所带来的问题却又无法在短时期内得到消除，这是一个矛盾。还有另外一个问题就是，他们到了新的工作岗位之后，最初一段时间由于对新的岗位不适应而引起服务效率低下、质量水平下降，甚至有些人离开原来熟悉的岗位后对新的岗位在很长一段时间内都不能适应。所有这些都会引起瓶颈的产生。可以认为，员工升迁所带来的问题与劳动力短缺的问题从本质上说是一致的。

2. 慢性瓶颈

与突发性瓶颈一样，慢性瓶颈也可分类。可以根据物料方面的问题和流程方面的问题分别对慢性瓶颈进行分类。

按物料方面的问题可分两类：

第一，订购错误的物料或物料供应不足。这种情况通常是由于计划不周或采购不足造成的，但也并非所有的物料不足都是由于供应商造成的。还有可能是不正确的或太晚的物料采购订单，也可能是不正确的需求预测、不正确的物料采购要求以及不恰当的存货政策、缺乏远见的计划、资金不足等原因造成的。

第二，物料搭配需求经常变化。即使计划和采购正确无误，但由于在实际运作过程中各部分物料搭配需求经常发生变化，也会造成某处物料短时期内短缺而产生瓶颈。也就是说，尽管库存的总量足够大，但这些库存的种类和数量不一定能保证在运作中所需的物料搭配。

按流程方面的问题可分四类：

第一，能力不足。当服务需求大大增加而超过服务能力时，如果想消除瓶颈问题就必须增加新的设备人员以及新的建筑设施来扩大服务能力。

第二，质量问题。质量问题可能导致突发性瓶颈，如劳动短缺、设备故障等。但如果最基本的质量问题长期得不到有效地解决，将会变成慢性瓶颈问题。

第三，不恰当的设施布置。影响服务流程的关键因素之一是设施布置。如果设施布置很差，如各种服务设施挤在一起需要互相交流的员工之间却相距很远、文件资料的传递以及物料搬运困难且耗费很大等，都会对服务运作效率产生致命的影响。

第四，缺乏柔性的流程（服务人员缺乏柔性的待客方法）。有些慢性瓶颈是由于流程设计而产生的，这种瓶颈通常在某种需求特性之下就会暴露出来。产生这种设计的原因经常是由于希望得到通用的服务设备或计算机系统，以完成一系列不同的任务。但实际情况通常事与愿违。因为服务需求是千变万化的，这种大型的、所谓“通用”的设备和流程通常难以对应，从而导致瓶颈的产生。

（三）消除瓶颈

比较容易消除的瓶颈是静态瓶颈。在这种瓶颈旁边，工作任务或人员会大量堆集，而通过能力很小。这种瓶颈产生的原因通常也很清楚，如机器坏了、关键的服务人员缺勤、某处服务需求量突然上升以至于超过流程的正常能力等。这样的瓶颈经常发生在服务运作中，它们导致顾客的等待。当然，这种瓶颈的消除方法也很清楚。

难以消除的瓶颈是动态瓶颈。它们在流程之间移动，且没有清楚的原因，从而导致在不同时间、不同地点会产生人员等待或物料的库存。这些瓶颈对服务管理提出了更高的要求，要求进行详细的调查。有时这种瓶颈是由于服务质量问题引起的，而服务质量问题有可能是由于服务人员为了跟上服务需求的速度而去做本不应自己做的事情，或遗漏了某些步骤而产生的。可采取的措施并不是很明显，必须做进一步的分析。

在瓶颈分析中，利用业务流程图来描述流程，对各个流程步骤指定必要的服务能力是非常重要和有效的。只要尽可能详细、精确地采用这种方法，就可以发现所谓的“一次”和“二次”瓶颈。对于一个已被清楚地描述各步骤所需能力也比较明确的业务流程，是很容易分析的。在这种情况下，业务流程图能够成为制订计划的有力工具。业务流程图对于设计流程也是有用的，因为它能够清楚地显示流程中各个步骤所需的能力以及能力如何平衡。

1.通过细分流程可以使流程流动更加通畅有序

企业在服务需求高峰时的应变能力，通常体现在能将复杂的事情用简单的方式来完成。对于一项需要在关键时刻解决的特殊任务，以细分的简单方式去完成通常要比在一个更为复杂的大环境中综合考虑完成要有效得多。在服务管理中，需要着重解决的是实物（含顾客）和信息的顺畅流动，而不是在更大更复杂的环境中考虑问题而使问题本身更为复杂。将这些实物或信息细分时,它们就容易在流程中如流水般畅通。而在后者的情况下,通常会由于实物或信息在流动中所牵扯的方面太多而出现瓶颈。

细分在服务业中的应用比在制造业中要广泛得多。如果服务人员能通过细分了解顾客的特殊需求,并将此需求反馈到服务提供流程中,而后再设计一个适合于该顾客的流程路线,那么其服务结果将使顾客的满意度增加、服务时间节省以及效率提高。医院的急症室就经常采用这种细分的服务方式。细分也适合于打电话询问了解银行户头或有关共同基金的情况,也可用于自动化服务系统等。

我们通过举例说明如何消除瓶颈现象。这是一个最常见的生产装配线的例子,在这里,产品通过一系列固定的步骤组装而成。最明显的例子是自助餐厅,就餐者在那里边推动他们的盘子边搭配食品。安排这样的服务需要在服务者之间分配任务,以使生成的工作需要近似相等的时间。为每个顾客花费时间最多的工作成为瓶颈作业。有几种选择是可行的,为这项工作增加工人,以减少作业时间或者重组任务以形成新的不同作业分配平衡的生产线。一条良好平衡的生产线应该使所有工作的持续时间接近相等,以避免在工作转移过程中出现不必要的空闲和不公平。

2. 服务运作真正的效率取决于高峰期的服务运作

很多服务业的利润来源于其运作高峰时期,而不是低谷时期的服务。这就使得高峰期间的运作效率变得非常关键。通常,在低谷时期,效率低一些对利润的损失影响并不大。然而,在高峰时期,如果效率不高,随着大量的销售机会从放弃排队等待的人群中迅速消失,机会成本的发生就会迅速积累起来。

因此,相应地可以认为,如果想评价一个服务业企业运作效率的高低,最应该了解的是该公司高峰时期的运作效率。也就是说,评价服务业企业的运作效率绝不应该选取各个时期运作效率的平均值作为评价指标,而应看其在高峰时期获取利润的能力。

第二节 企业服务供应管理创新

一、企业服务供应的双向关系

(一)供应链接概述

1.供应链管理框架

供应链管理是指企业对从采购提供产品(服务)所需原材料到生产产品(服务)并将其递送到最终用户的全过程进行系统管理的方法,其中的环节包括供应、需求、原材料采购市场生产、库存、订单、分销发货等。供应链管理的目标是在控制生产和库存成本的条件下,满足顾客的固定需求和即时需求,以合理的成本实现顾客满意度的最大化。供应链管理包括5个部分:计划、采购、生产、配送(物流)和退货。

实物供应链可以看作一个由原料流和信息流组成的增值网络,包括供应输入、原料转换和需求输出等阶段。

2.供应链管理的不确定性

供应链管理的一大难点是对不确定性的管理,包括供应商不确定、生产不确定以及客户需求不确定。库存是弥补上述不确定性的重要手段,通过保留安全库存可以在上游工序发生问题时,保证流程的正常运行,实现客户服务水平目标(如脱销时间低于5%)。供应链管理存在明显的"长鞭效应",即下游消费者订单的一个微小变化,在传递回上游的分销商和制造商时会被放大,由此产生库存震荡。因此成功的供应链管理需要供应链上所有参与者有效合作,缺乏供应链的协调将导致自我强化的体系震荡,并产生过度库存或脱销。

3.供应链策略

采用恰当的策略可以减少不确定性对供应链管理带来的影响,如运用可以提高生产可靠性的全面质量控制工具——统计流程控制,在产品设计中允许有顾客定制的部分以提高对客户订货的响应性等方法。

“产品延迟”是一种有效策略，它是指在收到顾客订单以前，使库存产品处于未完全完工状态，根据客户具体需求对最终产品进行定制。例如，某些产品先制成半成品（基本产品），之后在客户所在地根据顾客需求增加相应的部件并实现最终产品的配送。延迟战略很好地体现了企业的生产营销、技术和工程设计等不同职能部门利用供应链整体系统进行的协调运作。

（二）服务供应链管理

1. 消费者—供应商的二重性

服务的作用对象包括人的意识（如娱乐、教育）、身体（如保健、医疗）、财产（如汽车修理、干洗）和信息（如咨询、法律），这些服务“客体”由顾客提供，是企业提供服务的必要基础。

在这个意义上，在服务提供过程中消费者也是供应商，这就存在“消费者—供应商”的二重性，它是由顾客作为服务合作生产者的特性所决定的。在产品生产中，顾客无须提供产品作用的对象，而是直接购买最终产品。

“消费者—供应商二重性”包括两种类型：不包含供应商的单层、双向服务供应关系和包含供应商的双层、双向服务供应关系。在单层双向关系中，服务提供者直接向消费者提供服务，不需要任何辅助供应商。如病人因牙疼而看牙医，医生为其修补坏牙。在双层双向关系中，服务提供者必须在第二方供应商的帮助下才能完成任务。如很多病情的诊断需要血液检查结果，内科医生会让病人去抽血，血液被送到实验室进行分析，医生根据实验室的血液分析报告对病人进行最终诊断。

2. 双向关系的管理启示

服务供应链中“消费者—供应商二重性”对服务企业管理者有以下启示。

（1）服务供应链关系是一个网络而不是链条

产品供应链是一个链条，而对大多数服务供应关系来说，服务的生产和消费是同时进行的（如病人和医生、餐厅服务员和顾客之间的服务)。当人们去牙医处看牙时,供应关系就是牙和牙医之间的一个简单的传递过程。虽然在这个供应链中可以增加一个供应商。但超过两层的供应关系很少见。当服务需要由外部供应者完成时,服务提供者会成为消费者的代理商,因此服务供应关系更类似一个网络。

(2)服务企业应学习制造企业的库存管理,保存服务能力

在产品供应链中,库存用于调节消费者终端需求和生产能力的差额。在服务供应链中,消费者期望有及时的服务,但由于服务不能被储存,为了满足消费者期望,企业必须保存一部分的剩余服务能力。

(3)消费者的投入能够改变服务质量

服务生产过程中,消费者的投入经常是不稳定和无准备的(如去商场随意购物、去餐厅随意点菜,或客户为咨询顾问提供的资料有限),这会使企业的服务供应和服务承诺面临挑战,并产生交流成本。若服务提供商能在提供服务前与消费者就其期望的服务价值进行交流,将有助于避免误解产生,提升服务质量。

二、服务外包管理

企业服务外包是指企业将原来由内部提供的服务职能交由外部供应商来供应的经营模式。服务外包企业是指根据其与顾客(服务外包发包商)签订的服务合同,向顾客提供服务外包业务的外包提供商。服务外包业务是指服务外包企业向客户提供的信息技术外包服务(In-formation Technology Outsourcing,ITO)和业务流程外包服务(Business Process Outsourcing,BPO),具体包括业务改造外包、应用管理和应用服务等商业应用程序外包、基础技术外包(IT、软件开发设计技术研发、基础技术平台整合和管理整理)等。国际(离岸)服务外包的管理包括过程管理、决策管理和绩效评价管理等。

对顾客而言,服务外包的管理包括过程管理、决策管理和绩效评价管理等。

(一)企业服务外包的过程管理

1.服务外包的过程

服务外包决策过程包括需求识别、信息收集、供应商选择和绩效

评价。

2.服务外包的收益与风险

服务外包在给企业带来收益的同时,也带来了一定的风险。服务外包的收益:企业资源集中于核心竞争力;外购服务成本低;无须投资而使用最先进技术;无服务供应商规模经济中获益。服务外包的风险:不能直接控制服务质量;暴露企业的数据和顾客信息;受制于单个供应商;导致协作成本和服务延迟;降低内部服务能力;员工担心失业而影响其忠诚。

3.服务外包的难点

服务无形性给服务外包带来两个困难:首先,难以准确描述想得到的外包服务;其次,难以判断外包服务是否符合预期。因此,首先要得到满意的外包较为复杂,诸如旅游预订、物业服务、食品服务等,就难以让所有相关人员都满意。

不同的外包服务有不同的要求,外包的决策过程也会因购买的服务种类不同而各异。商业服务经常需要定制化满足某个组织的特定需求。如计算机软件开发服务的外包必须包含较高程度的终端顾客参与,废物处理服务的外包却能够依据成本和专门化的法律规定进行处理。

(二)服务外包的管理要素

1.外包服务的分类

服务的“确定性程度”和“重要性程度”是外包服务的重要影响因素。确定性程度代表了购买者在决策时所面临的潜在困难水平,它又可以根据服务对象(实物、人、过程)进行划分。当服务对象由实物变为人,再变为过程时,服务的确定性程度不断降低,服务重要性的高低取决于服务和企业核心业务间的关系。服务对于核心业务越重要,在购买决策中管理参与的水平就应该越高。

按照服务对象和服务的重要性,可以将购买的外包服务划分为6类:便利支持服务,设备支持服务,员工支持服务,员工开发服务,设备便利服务,专业服务。

2.不同类型的外包服务的管理重点

(1)便利支持服务(实物对象+服务重要性低)

便利支持服务的购买类似实物购买,可以制定严格的质量规范,购买决策重视报价的高低。在购买这类外包服务时,要特别注意服务质量和服务提供的及时性。对于确定性较高的服务,可以通过比较服务前后的效果来衡量绩效(如维修服务比较维修前后的使用情况,干洗服务比较清洗前后的清洁程度等);对于重要性较高的服务,管理者应注重服务质量;对重要性不高的服务(如食品服务、簿记服务等),价格起到决定性作用。

(2)设备支持服务(实物对象+服务重要性高)

这类服务外包中,卖方必须接近顾客以提供及时响应和紧急服务。此外,这类服务的重要性较高,如行业设备的维护或产品检测很重要,因此外包服务供应商应对所处行业有丰富的经验,其声誉是顾客购买该类服务的重要选择标准。

(3)员工支持服务(人+服务重要性低)

这是针对人提供的服务(如雇用临时工),因此买主对服务规格的(如临时工的技能)水平将随投入而提高。选择卖主(供应商)的步骤应包括客户推荐一般性的实践(实习)等。相应的职能部门要对服务进行定期评价,并以此作为延长服务合同的标准。

(4)员工开发服务(人+服务重要性高)

员工开发服务是对企业人力资本的开发和保障类服务,如对员工的培训服务、健康医疗服务等。它通常涉及人力资源管理部门或者其他高层管理部门。选择买主是一个复杂过程,企业高层必须说明需求和卖主选择标准,并从企业外部搜寻和获取有价值的信息。卖主声誉和特定行业拥有的经验是重要的选择标准,如一个知名的专业培训机构会拥有良好的声誉,拥有大量客户。员工对外包服务的评价是最重要的绩效评价。

(5)设备便利服务(流程+服务重要性低)

这类服务的确定性程度低,主要用于处理支持组织运作的信息,如簿记服务、旅游预订服务等。在识别、选择卖主的过程中,对卖主的公开评价或对卖主进行比较的信息具有主要作用。当选择标准难以确定时,买主要从外界寻求决策支持信息。在某些情况下,最终的选择可能基于一些次要的因素。如当多家旅游代理都拥有良好的声誉、提供相同的标准化的旅游预订服务时,买主可能会依据其所能提供的辅助服务加以决策,按月结算送票费用而不是每次购买后都结算会成为买主的选择标准。此外,外包服务供应者和买主之间的关系也是决策要考虑的重要因素。

(6)专业服务(流程+服务重要性高)

专业服务会影响组织战略的顺利实施,因此企业必须高度重视,并从一开始就参与外包服务的选择与购买流程。购买流程始于需求识别,进而贯彻购买过程的全部阶段,其中最重要的是绩效评价。对外包服务供应商的信任是主要因素因此买主的声誉和行业经验是唯一重要的指标。当定制化程度增大时,类似顾问公关关系、法律等服务的传递可能要延长一定时期,对卖主(供应商)的绩效评价也会相应推迟。①

三、企业服务库存管理与控制

(一)库存的概念和功能

1.库存的概念

库存是指用于将来目的而暂时处于闲置状态的资源。一般情况下,人们设置库存的目的是防止短缺以及保持生产过程连续性、分摊订货费用、快速满足用户订货需要。当顾客订货后要求收到货物的时间(订货提前期)比企业从采购原材料、生产加工到运送货物至顾客手中的时间要短的情况下,为了填补这个时间差,就必须预先库存一定数量的该商品。

库存习惯被认为是资源的储备或暂时性的闲置。但是近年来,深层次的研究发现,库存是一种组织行为问题,对库存的新的理解是:库存是企业之间或部门之间没有实现无缝连接的结果。

---

①徐志涛,明新国,尹导. 产品服务供应链管理[M]. 北京:机械工业出版社,2018.

2. 库存的分类

一般来说，企业按生产计划进行生产。在采购生产阶段，为了保证生产过程的连续性，需要有一定的原材料，零部件的库存；原材料投入生产之后，变成各种在制品，不论在制品是处于运动状态还是处于停顿状态，它们都构成在制品库存；在销售阶段，为了能及时满足顾客的要求，避免发生缺货或延迟交货现象，需要有一定的成品库存。原材料、零部件库存，在制品库存，成品库存是在生产过程中产生的三类库存。

3. 库存的功能

（1）缩短订货提前期

当制造厂维持一定量的成品库存时，顾客就可以很快采购到所需的物品，这样就缩短了订货提前期，加快了社会生产的速度，也使供应厂商争取到顾客。

（2）稳定生产的作用

外部需求的不稳定性与内部需求的均衡性是矛盾的。要保证满足需求方的要求，又使供应方的生产均衡，就要维持一定量的库存。

（3）分摊订货费用

如果只根据需求进行采购，可以不需要库存，但是由于订货费用的存在，就不一定是经济的。如果采取批量采购，则分摊在每件物品上的订购费用就大大减少，但这时就需要库存了。因此，库存有分摊订货费的作用。

（4）防止生产中断

在生产过程中维持一定量在制品库存，可以防止生产中断。在供应链管理环境下，库存不仅仅是单个企业的库存，更是整个供应链上系统上的库存，它不再作为维持生产和销售的措施，而是作为一种供应链的平衡机制，通过简化供应链和经济控制论等方法解除供应链上的薄弱环节来寻找总体平衡，库存的功能将是战略层次上的。也就是说，供应链环境下库存的基本功能是使供应链在各节点处很好地连接，以减少由于预测需求和实际需求的差异以及由于供应链中的各种不确定性所带来的供应链效率的降低。

（二）库存的成本

库存成本是与库存系统经营相关的成本，它是建立一切库存控制模式的基本参数。库存管理的重点之一是控制库存成本，消灭库存成本，因此，对库存成本及其特性的全面认识是非常重要的。库存成本主要包括三大类：订购成本、库存持有成本、缺货成本。

1.订购成本

订购成本是补货时采购商品的相关成本。它包括采购成本请购手续成本、进货验收成本、进库成本等。如果由企业内部供货，订购成本就要反映生产启动成本。一般情况下，订购成本与订购次数直接有关，而与订货数量无关。

2.库存持有成本

库存持有成本是因一段时间内存储或持有商品而导致的，大致与所持有的平均库存量成正比。该成本可分成四种：空间成本、资金成本、库存服务成本和库存风险成本。

空间成本是因占用存储体内立体空间所支付的费用。如网站空间成本、仓库空间成本、道路空间成本等。通常基于移入移出的产品数量或时间来计算的。

资金成本是指库存占用资金的成本。该项成本是库存成本中最捉摸不定、最具主观性的一项，主要是利息和机会成本。关于资金成本的计算，许多企业使用资金成本的平均值，另一些则使用企业投资的平均回报率，也有人使用最低资金回报率计算。

库存风险成本指的是与产品变质、短少（偷窃）、破损或报废相关的费用。这项成本的计算可用产品价值的直接损失来估算，也可用重新生产产品或从备用仓库供货的成本来计算。

在衡量计算库存成本时，人们通常陷入一种误区：通常将库存的空间成本作为库存特有成本看待，而忽略了价值更高的资金成本、风险成本等。如餐厅可同时供50人就餐，而现在只有20人就餐，缺30人就是成本损失，而忽略了这所房子若不是开餐厅，而是其他用途将可能带来的更高利益。

3.缺货成本

当客户下达订单,但所订货物无法由平常所指定的仓库供货时,就产生了缺货成本。缺货成本有两种:失销成本、保留订单成本。

失销成本是当顾客选择收回购买要求时产生的,它是本应获得的销售的利润,也可能包括缺货对未来销售造成的消极影响。

保留订单成本是当客户愿意等待订单履行从而出现订单履行的延期而产生的。它是当保留的订单不通过正常的分拨渠道来履行,而可能由于订单处理额外的运输和搬运成本而产生的额外的办公费用和销售成本。同时也会无形地失去未来销售机会的成本。保留订单成本的准确计算比较困难。

这三种成本之间互相冲突或存在悖论关系。要确定订购量补足某种产品的库存就需要对其相关成本进行权衡。

(三)库存控制的概念及功能

1.库存控制的概念

(1)传统的库存控制

在供应链概念提出之前,对库存的管理和控制是由单个机构(如仓库或零售店)基于其自身的利益和准则单独实施的。库存控制是指为了满足用户的需求和降低成本,而对库存物料实施数量控制,同时保证质量及其时效性的一系列工作。库存控制管理中需要确定库存物料的订货时间及订货数入库时间、储存时间等。

(2)供应链下的库存控制

随着供应链概念的提出,库存控制的内涵也发生了巨大变化。基于供应链的库存控制,要求企业从传统的只注重自身的库存控制转向注重整个供应链的库存控制,尽量减少需求放大现象,建立供应链上企业的战略联盟关系,实现信息共享和协同作业,通过整个供应链服务水平的提升和库存成本的降低,实现供应链上企业的共赢,进而实现供应链上各节点企业的客户响应水平的提升和运营成本的降低。

在供应链环境下，库存不再是资源的闲置或暂时性的储备，而是企业之间或部门之间没有实现无缝连接的结果，因此，库存控制和管理的真正本质不是针对物料的物流管理，而是针对企业业务过程的工作流管理。库存管理从以物流控制为目的向以过程控制为目的的转变是库存管理思维的变革。

2.库存控制的功能

在传统库存控制中，库存管理的主要功能，就是在供应和需求之间进行时间调整。此外，生产或收获的产品，产出多少就销售多少，不进行库存管理，价格必然暴跌，为了防止这种情况的发生，也需要把产品保管在仓库里。可见，库存管理在提高时间功效的同时还要调整价格的功能。因此，我们说传统的库存管理具有以调整供需为目的的调整时间和调整价格的双重功能。

在供应链管理环境下，库存控制在整个供应链中的功能又有了新的表现。从供应链整体来看，过去的传统交易习惯导致的不必要库存给企业增加了成本，而这些成本最终将反映在销售给客户的产品价格上，从而减少顾客的满意度。因而在供应链范围进行库存管理不仅可以降低库存水平，从而减少资金积压和库存维持成本，而且还可以提高客户的满意度。

（四）库存控制的原理

1.传统库存控制方法的基本原理

传统的单仓库的库存控制方法，是基于满足用户需求和降低成本的目标而建立的。因此，其核心就是根据库存物资的需求特点，在实现一定的客户服务水平的条件下，使年总库存成本费用为最小，主要是解决两方面的问题，即订货量和订货时间的问题。

根据存货成本费用之间的互相联系和互相制约的关系，以总库存成本最小化为目标函数，早期的学者发展了一套较成熟的库存控制理论和方法，这里不再详细叙述这些方法。所有的传统库存控制方法都是基于一个不变的假设：需求可能是不变的或者是随机变化的，但是无论如何，需求的规律是可以完全被我们掌握的。随着物流管理的发展，人们开始寻求目标企业总物流成本的最小化以及客户服务水平地提高。在这样的背景下，库存管理要求尽可能从企业总体物流成本最小化以及服务水平的最大化出发制定策略，于是，出现了一些以库存、运输联合优化或者库存—服务水平优化为目标的库存策略。

2.供应链环境下库存控制方法的原理

（1）供应链下的库存控制原理

在供应链环境下，库存是一种组织行为问题，是企业之间或部门之间没有实现无缝连接的结果。库存控制则是针对企业业务过程的工作流管理。因此，供应链管理下的库存控制方法主要是针对企业的业务流程进行库存设计，通过实现供应链上物流信息流、组织流的畅通以及不确定性因素的最小化，寻求供应链企业之间实现无缝连接的库存策略。

在一个典型的供应链中，主要的目标在于降低整个系统的成本以及提高系统的响应速度，因此，库存控制的重点在于考虑各机构之间的相互作用以及这种相互作用对各机构库存策略的影响。在供应链库存管理中，组织障碍是库存成本增加的一个重要因素。不管是企业内部还是企业之间，相互协调是实现供应链无缝连接的关键。在供应链中，库存控制不再是一种运作问题，而是战略问题。要实现供应链管理的高效运行，必须加强企业的协作，建立有效的合作机制，不断进行流程改革。这时，库存管理并不是简单的物流过程管理，而是企业之间工作流的管理。基于工作流的库存控制策略把供应链的集成推到新的高度——企业间的协作与合作。

（2）供应链下的战略库存控制

供应链下的库存控制是个很复杂的企业管理问题，尽管目前已有许多数学模式能够辅助库存管理，但这些模式和算法都很难解决库存控制中的一个十分重要的问题——战略性库存决策问题。战略性库存决策问题属于宏观的管理决策问题、纯粹用传统的基于算法求解的方法不能解决这个问题。

第一，战略库存的组成。关于这方面的文献比较少，王炬香认为，供应链中的战略库存=解耦库存+约束缓冲库存+运送缓冲库存+供应链中的传输库存+其他材料和成品库存。也就是说,供应链中的战略库存控制主要在于设置合理的解耦库存和缓冲库存。缓冲库存是根据系统论和约束理论,设置在供应链最薄弱环节(瓶颈)的约束缓冲库存以及为了保证准时交货而设置于系统末端的运送缓冲库存。解耦库存是为了使供应链在解耦点处很好地连接,减少由于预测需求和实际需求的差异所带来的供应链效率的降低而设置的库存,它用来减小由于需求的不确定性所带来的波动。

第二,解耦点的确定。解耦库存的设置点我们称之为解耦点。我们假设最终顾客的需求信息沿着供应链逆向传递时,零售商将会实时传递销售信息(订单信息),直到某一节点T都能获得真实、有效的实时销售信息,也就是说从零售商到节点T_n的供应链阶段上的节点企业都实现了供应链需求信息的共享。而T_n节点的下一阶企业T_{n+1}将不能获得这一信息。这时,供应链上的解耦点就是T_n点,解偶库存应设置在节点T_n处。

第三,缓冲库存的设置。为了确保供应该整体利益的最大化,供应链伙伴应合作识别系统的约束,将约束缓冲库存设置在该约束的前面,将运送缓冲库存设于整条供应链的末端。约束缓冲库存和运送缓冲库存水平可控制在一定范围之内,而其他既不存在约束缓冲又不存在运送缓冲的供应链伙伴则尽量将自身的库存排出。系统约束的生产率应尽量与市场的实际需求相接近,供应链其他伙伴则应尽量与系统约束的生产率同步。这种供应链伙伴间的协调和信任将使供应链产生最大效益。对于约束缓冲库存的位置和数量的选定,应根据供应链的整体目标,对比此约束的弱点和能提供的缓冲能力,综合确定。

我们从战略库存的构成可以发现,供应链中信息共享的程度越广泛,解耦库存点就越少;供应链节点企业的满足顾客需求的能力越强,约束库存就越少。这样,战略库存的管理就越简单。

第三节 企业服务接触管理创新

一、企业服务接触及三元组合

在企业服务生产过程中,企业服务提供者和消费者的接触过程是影响消费者满意度的关键。此时,企业服务组织的每个员工都为一线员工服务,而一线员工直接服务于消费者。

(一)企业服务接触的概念与类别

1.企业服务接触的概念

企业服务接触是一个复杂的过程,因此不同的研究者和服务企业的管理者对服务接触有不同的认知和理解,关于服务接触概念的解释也有许多。从技术角度来讲,服务接触是"顾客与服务提供人员之间的互动"。再宽泛一些讲,服务接触是"消费者直接与服务互动的那个时间段",这样的时间段包含了消费者与服务企业之间的所有互动环节,涉及人员、布局、设计、设施等消费者可感知的所有服务要素。

服务接触(Service Encounter)又称服务交互,是指消费者与服务企业的员工或有形实体要素发生直接接触和交互作用的过程。从消费者的角度来看,当消费者与服务企业的员工或设施、布局等其他要素接触时,所感受的是最生动的服务体验,这种体验直接影响消费者对服务的满意度,影响其对服务质量的评价;而且,以后的每次接触都会影响消费者的满意度和再次购买或使用服务产品的意向。从企业的角度来看,每次服务接触都是企业或员工为消费者提供卓越价值和提升满意度的机遇。

由于服务企业的性质不同,消费者与服务企业或服务人员的服务接触机会多少也不同。所以,服务接触有可能是一个简单的过程,也有可能是由一系列环节和要素构成的复杂过程。但无论服务接触的多与少,任何一次不愉快的接触都有可能导致消费者整体感知质量的下降。

2.服务接触的类别

根据接触方式的不同，服务接触可以分为面对面服务接触、电话服务接触和远程服务接触三大类。消费者可以通过任何一类接触方式或者综合方式，接受服务并形成服务体验。

（1）面对面服务接触

面对面服务接触是指消费者与服务企业或服务人员的直接接触。比如博物馆，参观者要与售票员、讲解员、保安员以及其他人员发生面对面接触。在面对面接触中，影响消费者感知服务质量的因素最多，也最为复杂。不仅包括一线员工的语言和行为，服务人员的态度着装、服务场所的环境以及用于提供服务的设备等因素都会对感知服务质量产生重要影响。

（2）电话服务接触

电话服务接触是指消费者与服务组织通过电话媒介进行接触，从中接受服务。随着科学技术的发展，这种服务接触在日常生活中的应用越来越广泛，在保险公司、公共事业公司、电信公司等很多服务企业中，终端顾客通常可以通过电话服务与组织或服务人员进行服务接触。如今，几乎所有企业（无论是制造业还是服务业）都以电话接触的形式对消费者进行服务、调查、咨询等，接听电话人员的语气、专业知识及沟通能力反应速度和工作效率等都会影响消费者对服务质量的评价。

（3）远程服务接触

远程服务接触是指消费者通过设备与设备之间的接触而接受的服务。如消费者通过自动取款机与银行进行接触，通过自动电话订购系统与邮购服务机构的接触，应用互联网进行交易等。在远程服务接触中，虽然不是人与人之间的接触但对于服务企业来说，每一次接触都是提高消费者对企业组织感知质量的机会。由于消费者把有形服务以及技术过程和系统的质量作为评估服务企业整体质量的主要标准，服务企业应把以下工作视为影响远程服务接触的关键：有效的软件、软件和硬件的兼容性、跟踪能力（信息、发运等）、自动查询程序信息和交易的安全性以及保密机制等。

（二）服务接触的三元组合

服务的基本特征是消费者直接参与到服务过程之中，与服务企业及其员工发生交互作用。因而，服务接触就是由顾客、服务组织及与顾客接触的员工三者相互作用组成的三角形。在服务接触过程中，每个参与者都试图控制服务的过程，从而导致对灵活性的需求和对接触顾客的员工的授权。服务接触三元组合中三个要素的两两关系，是冲突的可能来源。顾客通过"与顾客接触的员工"感受到服务提供商提供的服务，从而对服务组织的服务效率和满意度做出自己的评价。这种情况下，顾客的"满意"与"不满"是通过"与顾客接触的员工"获得的，但服务感知同时反映了服务组织给予"与顾客接触的员工"的自主权和"员工的接受程度"。

在服务接触中，与顾客接触的员工和顾客都期望拥有交互过程的掌控权。员工希望通过控制顾客的行为以使服务过程易于操作和管理；顾客则希望控制服务接触的进程来获得更多的利益。而服务组织为了控制服务传递过程，通常会利用规定或程序来限制与顾客接触的员工提供服务时的自主权和判断，这些规定必须建立在对消费需求深入了解的基础之上，否则就可能挫伤"与顾客接触的员工"的积极性和主观能动性，从而引起顾客的"不满"。理想的情况是，服务接触中的三要素协同合作从而创造出更大的利益。然而，在现实中，通常是一个要素为了自己的利益来控制整个服务接触的进程。

1.服务组织支配的服务接触

服务组织支配的服务接触旨在提高服务效率或实施成本领先战略。出于这样的目的，组织通常要建立一系列严格的操作规程使服务系统标准化。这类接触的缺陷主要有：一是限制了员工与顾客接触时所拥有的自主权，由于必须被迫执行"规定"，他们的工作满意度也随之降低；二是限制了服务的个性化，因为顾客只能从仅有的几种标准化的服务中选择。这类接触的典型代表是麦当劳，通过一套结构化组织体系的服务接触，只告诉顾客其服务中不提供什么，成功地实施了成本控制,并保证了服务的高效率。

2. 与顾客接触的员工支配的服务接触

与顾客接触的员工支配的服务接触要求服务人员具有顾客所不具备的专业知识和技能,并能够设身处地地为顾客着想,以高技能和高素质赢得顾客的信赖。如医生为病人服务、律师为当事人服务等。如果与顾客接触的人员被赋予足够的自主权,他们就会凭借自己的专业知识和技能为顾客提供适当的服务,其专业知识和技能水平的高低,直接影响着顾客对整个服务组织的看法。

3. 顾客支配的服务接触

顾客支配的服务接触包括极端的标准化服务和定制服务两种类型。极端的标准化服务如自助餐、ATM 等,自助服务是使得顾客可以完全控制所提供的有限服务的选择,这种高效的服务方式在无须提供"服务"的情况下就能够使顾客感到非常满意。定制服务如家政服务,在服务过程中由顾客支配整个流程,服务员工的目标就是最大限度地按顾客的要求灵活完成任务。

满意且有效地服务接触应该能够平衡三方控制的需要。实现这一目标的途径是:一方面对与顾客接触的员工进行适当的培训;另一方面通过有效的沟通方式真正了解顾客的真实期望。只有供需双方对"服务质量""服务满意"达成共识,才能实现服务组织和顾客之间的双赢。①

二、企业服务交互性质

(一)企业服务交互的含义

"服务交互"是指服务过程中顾客与服务组织的人员的接触。也就是说,"服务交互"可以定义为:顾客与服务人员进行接触并得到关于服务质量的印象的那段时间或过程。

服务交互又被称为"真实的一刻",其含义是顾客对一个服务企业的印象和评价通常决定于某一个瞬间或服务过程中某一个非常具体

①王娜. 客户关系管理对美发类服务型企业创新能力的影响研究[D]. 哈尔滨:哈尔滨工业大学,2012.

的事件(服务人员的一句话、一个动作等)。“真实的一刻”一词来源于斗牛术用语,意指斗牛士在结束战斗之前采取最后一个行动时面对公牛的那一刻。这个词最早由理查德·诺曼(Richard Norlriann)引入服务管理中,以强调顾客与服务组织交互的重要性。

必须强调,服务交互可以发生在任何时间、任何地点。一些非常明显的服务交互是一位顾客进入一个服务设施,要求服务人员提供向导,被递过来一张表格要求填写,或在服务过程中与服务人员发生其他接触。一位顾客看到一幅广告牌或企业在电视节目中所做的广告,或看到大街上的一辆公共汽车,或看到报纸上的一则新闻,或听到某人讨论某服务组织的服务,或接到一份服务账单,也都会经历服务交互。服务管理人员需要牢记的最重要的事情是,在服务交互中,不管顾客是与组织中的什么人接触,顾客都会把该服务人员当作整个服务组织。换句话说,当顾客受到某名服务人员不好的接待时,他并不认为他是在与一个服务组织雇用的粗暴的员工打交道,而会认为他是在与一个粗暴的企业打交道。当一个顾客坐在一个不太干净的等候区等待服务时,他看到的是一个不太干净的公司,而不是仅仅认为该公司保洁人员的工作没有做好。当一个有线电视公司的技师没能在约定的时间上门为顾客提供服务时,顾客会认为该公司是不可靠的,而不是认为该技师本人临时有什么情况。简言之,绝大多数顾客将他所接受的一次失败的或质量不好的服务与该公司是失败的或质量不好的等同起来。

(二)服务交互的性质

顾客与服务人员的相互交往互动是人际交往的一种特殊形式,具体如下特点。

1.服务交互具有目的性

顾客与服务人员的交往并非偶然,是双方有目的的接触。服务人员出于商业的目的为顾客提供服务,服务提供者不是利他的(没有私心的)。对于服务提供者来说,服务交互是其日常工作的一部分。服务提供者的最基本目的是完成他为此才能得到报酬的职责。因此,对于他来说，服务交互只是一项“工作”，他有可能对每一个顾客都重复地、机械地完成他的分内工作，而不考虑每位顾客的不同需求。顾客是出于满足自己需求的目的而与服务人员打交道。由于个人在服务双方交互活动中的目的不同，因此对服务的具体操作和评价也会有不尽相同的描述，但服务的互动应该是对服务双方均有利的。

2.服务交往属于陌生人交往

顾客与服务人员的交往关系是一种特殊的陌生人关系。人们通常不会跟陌生人交往。但是，在服务环境中，顾客会主动接触陌生的服务人员，服务人员也会主动接触陌生的顾客。同熟人交往相比较，陌生人之间的交往会受到更严格的限制。但是，在某些场合，陌生人的交往却更自由、随便。在绝大多数情况下，顾客和服务提供者互不相识。在很多情况下，即使没有互相进行介绍，在服务过程中双方也不会感到不舒服。如在剧院窗口买票，公共汽车上乘客向司机问路，快餐店里顾客买一个汉堡包。这些服务交互通常不会产生长期结果。但是，也有一些服务交互不仅需要彼此之间的正式介绍还需要给予更多的信息，通常是由顾客给予更多的信息。如一个牙科病人第一次去看病时，不仅需要告诉医生他的名字，还需要告诉医生他的住址、电话、年龄、过敏史、医疗保险公司、以往的牙科治疗情况等。

3.服务交往范围受到局限

顾客与服务人员的交往范围受服务性质和服务内容的限制。双方之间的交谈通常限于服务有关的内容，但在非正式服务环境中，顾客与服务人员之间的信息交流，可以与服务工作无关。顾客与服务提供者之间相互作用的范围取决于服务任务的性质。医生通常不会和病人谈论他的汽车如何修理。汽车技师在与他的顾客进行服务交互期间也不会提供有关治病的劝告。从重要性来看，与服务工作有关的信息交流占支配地位。在有些情况下，二者可能很难分离。如一个旅行社在为一对夫妇制订度假计划时，除了谈论有关度假地点等安排以外，旅行社的人员可能还会谈起自己以往在这些地方的度假情况。这些谈话可以被看作与任务无关的谈话，也可以看作为顾客提供了有用的信息。

4.顾客与服务人员扮演的角色非常明确

陌生人之间的交往必须遵循一整套基本行为准则，扮演好双方的角色。顾客对面对面服务的人员有着非常相似的期望，他们期望“柜台人员”热情友好、举止文雅、微笑服务、尽快完成服务工作。在面对面服务中，顾客与服务人员的地位发生暂时的变化，双方必须暂时中止各自的“正常”(甚至是引以为自豪的较高的社会身份)社会地位。如具有较高的社会身份的律师可能会为一个身份极为低下的罪犯提供服务；一个法官在大街上可能因为交通违章被交警拦住。

5.服务交互中其他顾客的影响

许多服务是同时为很多人提供且同时由多人消费的。这些服务中的一部分可以由顾客坐在家中不与其他顾客接触就享受到，如互联网服务广播电视节目等。但是，另外一些服务，如航空和铁路旅行、游船度假、游乐园体育赛事以及传统的教育等都需要顾客在场，且是与多个其他顾客一同在场。在这些情况下，一个顾客或一组顾客的行为可能会对其他顾客的服务互动结果产生影响。如飞机上一个醉酒的乘客可能会给其他乘客以及服务人员带来非常不愉快的体验；游船上一群志趣相同的顾客有可能因为相互结识而使旅行变得更加愉快。因此，对于服务管理者来说，必须设法使其中的每一个顾客的服务交互都变得愉快。

(三)从不同角度理解服务交互

1.社会交往过程

当顾客与服务人员接触，形成人与人之间的互动时，服务首先是一种社会现象。服务双方都有必要按照社会上的惯例行事，适当的问候、礼貌和客气都是服务双方最基本的素质。有时服务双方会在服务的过程中聊天，包括一些简短的交谈，如天气、最近的体育赛事等，但最多的还是和服务相关的内容。社会交往方面的服务标准在服务业中是统一的，所有的顾客应受到同等的对待，服务员对所有的顾客应该提供同样水平地服务。

2.经济交往过程

有些服务表现为顾客与服务机构间的资源交换。具体地说，一个服务机构以提供劳动力、技术、技能或信息的形式来满足消费者的需求或者使其获得物质上的利益；消费者也相应地以货币、时间和劳动力等资源来回报。服务互动的本质可以看作一种经济交换。在其中，顾客和服务组织的资源被互相交换。更具体地说，服务组织用劳动、技能、技术和信息满足顾客的某些要求，为顾客提供价值，反过来，顾客也要付出他的一些资源。如金钱、时间和劳动等。

3.资源转化过程

服务机构为了满足消费者的需求，需要不断地配置资源，包括劳动力、技术、信息和设备器材，服务是服务机构将其资源转化为消费者利益的过程，虽然大多数资源是服务机构提供的，但消费者也在资源转化过程中提供劳动力、信息等资源。顾客来到一个服务组织的目的是满足某些需求。如为了得到食物或得到某种收益（例如受教育）。为此服务组织必须运用包括劳动力、技术、信息和设施等在内的资源，通过这些资源的合理使用创造出预期的结果。因此，服务互动是一个生产过程，在其中，各种资源被变换为顾客满意度和顾客利益。

4.契约关系

服务也可以认为是服务机构和顾客之间的一种契约关系。顾客雇用服务组织为他完成一定的工作，通过这种合约，顾客授权服务组织为他或他的资产做出一定的决策或处置。因此，双方在一种严密的合约下行动。如外科医生在病人的同意下为病人做手术，在手术当中，病人可能失去知觉，但是医生必须作很多决策，这些决策相当于都是在病人的授权下作的，并被认为是对病人的最好选择。服务是顾客雇用服务机构按照自己的意愿提供服务，通过契约，顾客授权给服务机构，让其代理行使某种权利，服务机构要尽相应的义务。服务的双方都在契约的范围内行使权利和履行义务。

5.准雇佣现象

有些服务要求顾客积极参与配合。如顾客在餐馆自己准备沙拉。

在这些情况下，顾客提供了必要的劳力，从这个角度上说顾客暂时受雇于服务机构，很显然，这不是一种意义上的雇佣，这种雇佣通常是对双方都有利的——服务组织节省了劳动力成本，其中的一部分好处又以较低的食物价格的形式返还给了顾客。因此，可以说顾客由于付出劳动得到了服务组织的“报酬”。同时，顾客的口碑效应远远大于广告效果，因此顾客不仅在生产过程是“兼职员工”，还同时是服务机构的“兼职营销员”。

（四）服务交互影响要素

服务交互是顾客与服务人员的有目的的相互交往，是人际交往的一种特殊形式。在这一点上，所有的服务是相同的。但是，顾客在不同服务环境中对服务人员的角色行为却有着不同的期望。显然，服务内容差别是决定服务交互之间差别的一个因素。然而，服务内容差别或行业差别也并不能完全说明顾客期望的差别。如顾客对不同酒店服务有不同的期望。顾客对服务的期望与顾客对服务特点的感觉、服务人员的角色和服务生产现实有关。因此，我们可以把似乎是不同领域的服务看成是有相同要素的同类服务加以研究。

1.顾客对服务特点的感觉

顾客对服务的期望与顾客对服务特点的看法有关，顾客的期望是由顾客的消费目的、消费动机、服务结果、服务重要性、服务参与程度等因素决定的。为了享乐目的的顾客的期望就高于为了实用而消费的期望。其他因素同理。代价大小是顾客的一种感觉，顾客消费某种服务需要付出的代价会影响顾客的期望。由于许多服务无法事先试用，顾客对服务结果可逆性的看法影响顾客的期望。在顾客的感觉中，不可复原的服务比可以复原的服务期望高。顾客感觉中的风险与代价、可逆性这两个因素有关。某些服务既无形又无质量标准，顾客感觉这类服务的购买风险较大。

2.服务者特点

服务人员对服务互动的影响是由服务人员的专业知识、技能和个人素养决定的。服务人员的专业知识和技能通常指服务人员接受过哪些培训，有哪些专业证书，也指服务人员的经验、洞察力、创造性和手艺。另外是否被授权也影响服务互动。服务人员的态度、性格以及基本人员统计特点都影响服务互动。

3. 服务生产现实

顾客根据服务生产现实，对不同的服务进行比较，影响服务的互动和评价。

（1）时间因素

某种服务的消费频率和每次消费所需要的时间都是服务生产实现的重要因素。经常消费、费时的服务与偶尔消费、快速的服务相比较，顾客和服务人员之间的相互交往要有所不同。

（2）技术因素

服务过程中采用的技术会影响顾客和服务人员交往的性质。以人工为主和以机械为主的服务会对双方交往产生不同的影响。

（3）地点因素

顾客来店接受服务与服务人员上门为顾客服务是不同的。从行为、语言与时间等均有不同的要求。

（4）服务内容

服务内容是指服务中的物质、精神、感情成分。物质成分为主的服务与精神成分为主的服务有很大区别。但在一些服务中，例如高星级酒店服务中物质、精神、感情成分都很重要。

（5）服务复杂性

服务复杂性是由业务的活动数量和各种业务活动的相互关系决定的。复杂的服务可以是复杂的体力劳动，也可以是复杂的脑力劳动。有些服务性企业的后台操作过程非常复杂，而前台的服务过程却非常程序化，顾客和服务人员都习惯地“无意识”地行动。

（6）定型化程度

定型化程度是指服务工作是否可以根据顾客的需要和服务的环境的变化而改变。越是标准化、程序化、规范化的服务就越定型。民航客舱服务就相当定型。

(7)消费人数

有些服务每次只能由一位顾客消费,另一些服务可以由若干顾客同时消费,还有一些服务却由大批顾客一起消费。无论哪种情况,消费人数不同,双方的交往也会不同。

(五)服务互动的类型

1.顾客与服务系统的互动

(1)顾客与服务人员友好互动

顾客与服务人员之间进行开放式的沟通与积极配合是顾客与服务人员间的友好互动,其结果是令服务达到最佳状态,双方都将对服务过程更为满意。顾客既是服务的接受人,也是服务生产的重要协作者,顾客友好地对待服务人员能为所有涉及该服务过程的人员(其他顾客和服务人员)留下美好的服务经历,也有利于自己的服务体验,使自己的消费升值。

(2)顾客与服务人员不友好互动

顾客与服务人员不友好互动具有相反的效果。对顾客与服务人员相互作用的错误理解,通常是引起不友好互动的原因。有时,不和谐的产生是因为一方无意触犯了另一方的"热键",如做了不恰当的评论不合适的姿势或手势等挑衅行为。甚至当时双方的不良情绪也能挑起不友好互动。此类问题的结果,轻则引发较为温和的口头敌对,重则可能引起身体的打斗。总之,任何不友好互动事件的发生,都能殃及服务企业服务效果及其未来发展,不管企业有没有理,顾客永远是顾客,一定要避免与顾客的争吵。顾客不是在为企业工作而是非常以自我为中心的"一代雇主",要想迫使他们表现得彬彬有礼,一般很难,理由也不充分。如果服务人员必须对不友好或好战顾客予以忍让,那么服务人员的处境也很可怕,这势必导致其职位缺乏吸引力。如果不友好互动普遍存在,将给服务企业的长期健康发展带来可怕的影响。怎样才能使服务企业不再忍受不友好顾客的对待也是进一步要解决的问题。企业不要把问题推到顾客身上,抱怨顾客的难对付,而是要反思是不是你的服务仍不能满足顾客的期望而激怒他们?只有这样的思路才是将顾客与服务人员的不友好互动转化为顾客与服务人员的友好互动的前提。

(3)顾客与服务人员过于友好的互动

顾客与服务人员间发生过于友好的互动,也会损伤服务提供与服务体验。因为过于友好的行为会令服务人员分心,会推迟对其他顾客接受服务的时间、导致服务成本增加等。管理与控制过于友好的顾客,是件特别困难的事情,因为顾客本意是非常良好的,要发现一些适宜的方式来摆脱过量互动的纠缠通常是件大伤脑筋的事情。因此,企业要加强服务人员在应对过于友好顾客方面的培训,为他们提供躲闪过于友好顾客的手段与方法。

2.顾客与顾客间的互动

顾客的服务体验不仅来自其参与服务过程中的感觉,还受周围其他顾客行为的影响。

(1)顾客与顾客之间正面互动

顾客之间通常更容易相互沟通,交流服务体验,这种无形的口头传播、现身说法是企业最有效的广告,因为人们对某一事物的信任度在他人,尤其是朋友、亲人或有过亲身经历的人的影响下会有很大的提升,顾客之间正面的相互沟通、相互影响能为企业开发出巨大的潜在市场,并且效果显著。因此要强化顾客之间的正面影响,使顾客成为企业的“兼职营销员”。

顾客之间的相互作用有可能使服务变得非常愉快,例如,上述提到的在度假地或游船上顾客的相互结识。管理者可以有意地组织一些活动促进顾客之间的互相交流和结识,并创造一些可以共享的快乐。在另外一种截然不同的环境下,如医院,患有同种疾病的病人之间的互相交流有可能减轻他们的不安和焦虑。有一家外科医院从病人一住院,就开始为他们创造机会、组织活动,使病人互相结识、分享信息,其中的一项活动是下午的茶点聚会。

(2)顾客间的负面互动

顾客间也会有负面的影响。如服务中排队是不可避免的,秩序井然的排队会使顾客感觉良好,但如果个别顾客插队而没有得到制止,就会使其他顾客变得情绪低落,就会影响他们对服务的良好评价。服务企业应该积累经验,学会对个别顾客说“不”,不允许个别不满顾客“哇哇乱叫”,应及时把个别行为不良的顾客列入“黑客”名单,杜绝类似情形再现,尽快消除和避免顾客间的不良影响。

第三章 现代企业服务的创新战略

第一节 服务创新战略概述

一、企业战略概念

企业战略是指企业根据环境的变化,本身的资源和实力选择适合的经营领域和产品,形成白己的核心竞争力,并通过差异化在竞争中取胜。世界经济全球化和一体化进程的加快和随之而来的国际竞争的加剧,对企业战略的要求越来越高。

企业战略是设立远景目标并对实现目标的轨迹进行的总体性、指导性谋划,属宏观管理范畴,具有指导性、全局性、长远性、竞争性、系统性、风险性六大主要特征。

企业战略是对企业各种战略的统称,其中既包括竞争战略,也包括营销战略、发展战略、品牌战略、融资战略、技术开发战略、人才开发战略、资源开发战略等。企业战略是层出不穷的,如信息化就是一个全新的战略。企业战略虽然有多种,但基本属性是相同的,都是对企业的谋略,都是对企业整体性、长期性、基本性问题的计谋。如企业竞争战略是对企业竞争的谋略,是对企业竞争整体性、长期性,基本性问题的计谋。企业营销战略是对企业营销的谋略,是对企业营销整体性、长期性、基本性问题的计谋;企业技术开发战略是对企业技术开发的谋略,是对企业技术开发整体性、长期性、基本性问题的计谋;企业人才战略是对企业人才开发的谋略,是对企业人才开发整体性、长期性、基本性问题的计谋。依此类推,都是一样的。各种企业战略有同也有异,相同的是基本属性,不同的是谋划问题的层次与角度。总之,无论哪个方面的计谋，只要涉及的是企业整体性、长期性，基本性问题，就属于企业战略的范畴。[①]

二、战略管理理论

战略管理作为一门学科诞生于20世纪五六十年代，经过了三个发展阶段。第一阶段是20世纪50年代到70年代的战略规划学派，他们先后提出了“结构跟随战略”假说、安东尼—安索夫—安德鲁斯范式等观点。第二阶段是20世纪80年代以来以市场结构分析为基础的竞争战略理论。第三阶段是始于20世纪90年代的企业能力理论。目前学术界越来越推崇以能力为基础的企业战略管理。该理论认为，企业的战略管理要致力于建立和提高企业的核心能力，以此获得持久竞争优势。企业能力理论又可以分为两个流派：资源学派和能力学派。

（一）资源学派

20世纪80年代末尤其是进入20世纪90年代以后，随着经营环境中不确定性的增大，产业边界日益模糊，产业结构的稳定性日益下降，以企业恰当定位获得竞争优势变得越来越难以持续，相反却可能在产业竞争力量突变或产业转型的过程中落伍。事实也表明，行业内公司之间的利润水平就像行业之间的利润水平那样，存在很大差异。这一研究结果使战略研究的方向发生了根本性转变，从企业外部转向了企业内部，学者们提出了以资源为基础的竞争优势观。沃纳非尔德（Wermerfelt）提出了公司内部资源对公司获取并维持竞争优势的重要意义，他认为公司内部环境同外部环境相比，具有决定性的作用。企业内部的组织能力、资源和知识的积累是解释企业获得超额收益、保持竞争优势的关键，他的观点对整个20世纪90年代的战略理论研究产生了非常重要的影响。以资源为基础的竞争优势观认为：一个公司可以获得超出市场平均水平的利润，原因在于它能够比竞争者更好地掌握和利用某些核心资源或者能力，在于它能够比竞争者更好地把这些能力与在行业中取胜所需要的能力结合起来。企业要获得竞争优

①廖杉杉，金融服务创新助推乡村振兴战略［J］，合作经济与科技，2020（22）：40-44）

势，就必须去寻找最有价值的核心能力，去发现怎样运用这些能力获得最大利润的方式。

（二）能力学派

1990年，普拉哈拉德和哈梅尔在《哈佛商业评论》上发表了《企业的核心能力》一文，开启了对企业能力理论研究的大门，形成了战略管理的能力学派。企业能力理论认为，企业是一系列资源的集合，这些资源形成了企业的独特能力。由于属于某个企业的独特资源不能在企业之间进行转移。其他企业无法进行复制和得到，因此企业可以这些资源形成的独特能力为基础形成竞争优势。企业能力理论认为企业战略的关键就在于培养和发展企业的核心能力，企业核心能力具有价值优越性，即能为企业、为顾客创造比竞争对手更优越的价值。核心能力还具有不可模仿性，其他企业由于无法得到这种能力，因而企业可以凭借核心能力获得持久的竞争优势。企业核心能力还具有可拓展性，拥有核心能力的企业可以凭借核心能力这个平台将业务拓展到更广的范围。

第二节　服务产业集群创新

一、服务产业集群的概念及作用

一个企业的经营成败除了其内部管理因素之外，其是否具有广泛的社会网络，并且能否通过社会网络获取有效的资源也是企业经营的关键。随着社会分工的深化，很多大型企业在保留自身核心技术的同时，将一些劳动密集的琐碎环节分离出去，并由一些中小企业负责完成，由此一来，一条产业链会逐步细化为若干环节，各环节上的企业由于业务上的相互关联而在空间向某一区城集中就形成了产业集群。

早在1998年，迈克尔·波特在《哈佛商业评论》上发表了《产业集群和新经济学》一文,首次引起了人们对产业集群的关注。迈克尔·波特将产业集群定义为一组在地理空间上相近的企业和机构,由于共同的目标和联系而聚集在一起。他认为地理集中性和产业内部的连接度是产业集群形成的重要特征。斯切密特兹则认为产业集群中的企业存在广泛的劳动分工,并拥有为竞争所具备的专业化创新的企业群组。由此可见,专业分工和创新是产业集群形成的必要条件。综上所述,产业集群最显著的特征是相关企业在地理上的集聚,但是集聚并不代表集群,只有企业为了实现共同的大目标而采取相互合作,并在竞争与合作基础上不断创新才能称为集群。集群内的机构组成是一条完整的产业链,包括供货商,制造商、销售商、客户、规制管理机构、中介服务机构等几大环节。此外,随着产业集群的扩大,其他产业也有可能进一步参与进来,由此能够延长、加宽产业链。产业集群是一种世界性的经济现象,是产业发展成熟的标志。产业集群具有如下优势:第一,降低成本。提高区内企业效率。第二,激发创新,增强产业可持续发展。第三,塑造品牌,提升区域竞争力。

由于服务业受服务的无形性、不可分性、易变性、不可储存性等本质特征的影响,很多服务企业必须具有独立满足顾客需求的能力,这与制造业中一件产品的诞生需要各环节的合作有很大的不同,因此很多人认为服务业不存在集群。但是不可否认像旅游业等服务业,为了满足游客的一次旅游经历,饭店、旅馆、景点旅行社等各环节需要相互合作,而且各环节通常聚集在大型的旅游景点附近,由此可以认为集群已经产生。

服务企业集群就是服务部门某一行业中的企业及其关联机构在地理空间上的聚集体,它们相互合作共同完成对顾客的需求服务。有论文认为,服务企业集群的构成除了企业、相关机构、供应商外,还应当包括聚集地的基础设施、人文环境和政策环境。在服务企业集群中的服务企业是关键,在集群中处于核心地位,直接给消费者提供服务产品或服务过程,并接收消费者的反馈信息;供应商是指为服务企业提供原材料或者半成品的企业了,一般不与消费者直接接触;相关机构主要是指行业协会、研究机构和咨询机构等;人文环境是指服务企业聚集地的历史、文化和社会氛围;某一区域的道路、通信和安全等构成了产业区的基础设施;政策环境则是政府关于特定产业及区域的政策和法律规定。

二、知识对产业集群创新的影响

(一)产业集群存在知识系统

技术变革是目前人们研究产业集群的重要内容,事实上,技术变革从本质上讲是一种知识集中和演变的过程。正是产业集群内各行为主体的知识存量及它们之间的知识流量构成了它们在所生产商品的类型上和方法上的变化。我们将这些知识存量和流量统称为"知识系统",正是知识系统的这种结构和功能使得技术按特定的速度和特定的持续性及稳定程度发生变化。在产业的成长过程中,知识及知识的价值增值影响着产业的技术结构与创新行为的演进,产业之间的竞争越来越表现为以知识价值增值链条为主的竞争模式。

(二)产业集群中知识的获取

集群现象的产生,一个是因为相关企业聚集在一起可以节省交通运输和人力等成本,另一个重大原因就是有利于信息的交流互换。这就促使产业集群中的企业对内外部知识的获取。贯穿于分工合作过程的有意识和无意识的学习是创造知识和获取知识的主要工具。无论是做中学、学中学还是研究中学都是知识创造和获取不可缺少的方式,集群企业可以通过外部知识的获取,丰富和替换群内陈旧的知识,集群企业之间也可以通过知识的交流互换形成合力。

(三)产业集群中的知识流动

产业集群的知识流动主要表现在知识的转移和扩散。在经过知识获取环节之后,知识会沿着产业集群中的社会网络迅速扩散。实践已证明,组织知识存储量越多,知识流动转移层次与水平越高,知识流动扩散速度越快,同时,集群企业通过有目的的整合将原来分散的知识转化为有效的资源,并进一步在群内或者企业内流动形成既有的、稳定的企业知识和经验。

（四）产业集群中的知识创新

按照熊彼特的理论，创新是"开动资本主义引擎和保持其转动的基本推动力"。产业集群区别于产业集聚的关键标准是是否产生创新，在知识经过一系列获取、流动、整合之后，原有的不适合企业发展的知识被逐渐驱逐在外，而新的有效的知识则成为企业盈利的关键，并被逐渐稳定为企业的内部知识和经验，此过程就实现了创新。创新的产生依赖于知识的获取是否有效，知识的流动是否高速，知识的整合是否成功，它能直接影响企业的生产力和品牌塑造，并能提升产业集群的整体实力。

知识创新根植于知识获取、流动与整合，创新知识可以作用于企业。为企业带来直接的经济效益并提高竞争力；反过来，强大的实力又为企业的知识获取、流动、共享等活动提供了更加便捷的通道。知识价值链应用于产业集群中为其带来循环的知识创新。[①]

三、集群的创新模式

根据企业集群与外界合作程度的高低，徐强认为，服务企业集群创新的模式主要有两种：封闭式创新和开放式创新。

（一）封闭式创新

封闭式创新是指从创新思想的产生到创新活动获得成功这一全过程都在企业集群内部完成。这种创新模式也可称为集群内企业自主创新，它意味着企业集群不用借助外部的力量，仅凭内部的资源就可以完成创新活动。

在集群中，某些处于核心地位的大型企业，由于其所具备的丰富的人力、物力、财力，因此能更好地把握市场，为了追逐效益或者提高品牌影响力，它们会主动创新。对于这一类企业，无论是渐进式的改变创新还是重大创新，都需要企业原有的创新经验的积累和对内外情况的了解，这种自主式创新可同时提高职工的创新意识。在集群企业

①王成志，旅游产业集群驱动演化机制研究[M]，北京：中国旅游出版社，2019

之间由于地理上比较接近，因此有利于信息的交流互换和知识外溢，尤其是对于大型企业而言，它们的创新活动极易被中小企业模仿或跟随，因此提高了集群的整体创新水平。此外，大规模的集群由于其影响力大，因此更有利于招募人才，众多的人才在集群内部流动，有利于知识和经验的扩散，也有利于接受人才的新企业的创新。

一般来说，互补型的服务企业集群更多地采取封闭式创新模式。在这类服务企业集群中，企业之间的关系是合作大于竞争。它们可能是需要共同合作才能完成完整的服务任务，也可能是有各自不同的顾客与市场，相互之间并不产生冲突。利益上的密切联系使得它们之间的合作比其他类型集群中的企业有着更高的可能性。资源与信息的共享使得创新活动的成本得以极大地降低，同时集群内的信任与合作关系又降低了创新风险，如果利益分配问题得以很好地解决，那么对互补型服务企业集群来说，采取封闭式创新模式是很好的选择。集群企业中的封闭式创新，由于其与外界联系不够紧密，不利于知识的更新换代，因此很可能导致集群的核心竞争力不强。如今，由于信息、通信网络日渐发达，因此完全的封闭式创新基本不存在，只有对外交流不太活跃的相对封闭式创新。

（二）放式创新

开放式创新是主要的集群创新模式。与封闭式创新相对应，开放式创新意味着集群的创新活动利用了外部的资源。整个创新过程可能在集群外部完成，或者其中的一个或几个环节在集群外部完成。创新所借助的外部力量来自集群外的企业或大学、科研机构，甚至政府。大学、科研机构作为知识流的源头应该为企业提供有针对性的知识和专门的人才。服务创新知识的构成不同于技术创新。技术创新以自然科学知识为基础，而服务创新还涉及大量的社会科学知识，比如信仰、观念、心理模式，、理想等文化因素。这就要求大学、科研机构在教育培训上采取适合服务创新的课程内容与教学模式。对于没有R&D机构的企业，它们可以从高校的研究机构和技术研究组织获得帮助，以解决它们遇到的问题；对于具备R&D机构的服务企业，可以和大学进行合作研究,包括共同组建新的R&D机构、联合培养人才、联合攻关等,以最大限度地实现资源的优势互补。

在开放式集群中,大型企业有能力并且有意识与大学等科研机构合作,而中小企业创新则通常依赖于大型企业的发展。服务型企业在产品开发时,需要对顾客需求进行调研,产品开发之后需要顾客的及时反馈,这种以顾客需求为导向的特征决定了顾客是企业经营的重要参与者,是企业信息的重要来源,因此服务型企业大部分都是开放式集群。在该模式集群中,企业间的关系是竞争大于合作。由于企业有共同的目标市场和顾客,因此各企业在信息交换时有一定的保留,只有隶属关系的企业之间才会频繁地交流信息,这就促使企业向集群外部搜索信息引进创新成果,以满足企业的发展需求。

第三节 服务行业组织创新

一、战略联盟组织

(一)战略联盟的概念及特征

企业战略联盟是20世纪90年代以来国际上流行的一种新兴的战略管理思想。战略联盟概念是由美国人简·霍普兰德(J.Hopland)和管理学家罗杰(R.Nigel)提出的,它是指两个或两个以上的企业为了实现各自的某种战略目的,通过企业间的协议或联合组织等方式面结成的一种复合式网络化的联合体。它可以使来自不同国家和地区的企业共担风险、共享资源,共得利益,获取知识,进入新市场。企业战略联盟不仅包括股权合资企业,互相持股投资,还包括联合开发,物品采购,技术秘诀、人才培养、产品质量标准、许可证生产,联合销售,分销网络等各种类型的非股权性质的契约式协议。

战略联盟是自发的,联盟各方保持着原有的经营独立性,具有边界模糊,运作高效、机动灵活等特点。

(二)战略联盟的优势

战略联盟能够为企业带来的竞争优势主要有以下四个方面。

第一,战略联盟的长期关系,使企业可以避免消耗大量人力、物力的过度竞争,达到双赢的目的。战略联盟可以很好地解决新产品从寻求创意、产品概念的形成,制定市场营销战略,进行市场试验到商业化各阶段可能出现的难题,在短期内成功地将产品打入市场,使每一个企业都能尽快收回投资,取得很好的效益。

第二,战略联盟有助于减轻投资风险。战略联盟产品的价值不是依赖于最后产品的一次销售能否成功,而是分段实现产品的价值。战略联盟所提供的产品通常是通过各个企业之间外联型的、相互衔接的附加值生产网络而实现其增值的。各企业通常都是从自己所从事的那一个环节上的营销活动获得相应的利润,充分发挥了各自企业在产品、市场、技术、管理和服务方面的优势,并可充分利用这些优势更好地满足顾客需求。

第三,参与战略联盟的企业之间完全是平等和独立的,这种关系不受经济实力的影响。战略联盟一般只强调参与联盟的企业各方怎样进行有效的合作,并不要求承担相应的法律义务,更不涉及违约责任。企业还可以与联盟以外的企业,再组成一个新的战略联盟。第四,战略联盟可以很好地将同类产品的生产经营企业结合成为一个整体,加深分工,强化技术进步,使不同企业之间的资本、技术、人力、信息资源得以有效地灵活组合,这样就可以充分利用市场机会,最大限度地降低产品成本,提高规模经济效益。

(三)战略联盟对创新的促进作用

1.企业技术创新需要战略联盟

企业要发展,离不开技术创新、管理创新和市场创新。而技术创新永远是企业获得超额利润的源泉,全新的、具有划时代意义的新产品、新技术,通常能创造出新需求、打造出新市场。在技术创新上,也并非企业内部就能独立完成,大多数情况下需要企业间的相互合作,发挥各自的优势才能突破。

2.战略联盟使企业文化得到提升

不同企业具有不同的能力和知识库，联盟提供了一个独特的学习机会，企业在联盟中主动地获取知识，以自身文化为基本内核，以消化吸收对方的优质文化为合理内核，将自身的文化整合提高到一个新的高度，从而为企业进行创新提供有利的文化基础。

3.除企业间建立联盟，也有与科研机构、高校之间的经济技术合作而建立的联盟。

企业与科研机构建立技术合作开发联盟可以充分发挥科研机构的智力优势和企业的资金优势，缩短企业技术创新的时间，加快科研成果产业化的速度，加快企业产品的更新换代，提高企业产品的科技含量。科研机构面向市场选择企业急需的技术研究课题，既可以调整科研课题的方向，注重开发和应用研究，也为科研机构的科研新成果找到了市场，企业有了雄厚的技术资源为后盾，科研机构也有了可靠的财力支持。企业与高等院校建立人力资源开发联盟可以使企业获得稳定的人才培养基地，使高等院校成为企业建立学习型组织的智力宝库，还可以使高等院校培养的人才更适合市场经济和企业发展的需要。国内企业之间建立战略联盟可以整合各自的核心资源实现优势互补，加快企业产品结构调整，稳固国内的市场份额，共同拓展国际市场，抵御国外跨国公司的竞争，快速提高企业的比较竞争优势。①

二、行业协会组织

（一）行业协会的含义

受各国社会历史文化差异的影响，各国对行业协会的理解也有所差异。在日本，行业协会是指事业者以增进共同利益为目标而自愿组织起来的同行或商人的团体。根据美国《经济学百科全书》的定义，行业协会是指一些为达到共同日标而自组织起来的同行或商人的团体。英国关于行业协会的权威定义：行业协会是由独立的经营单位组成，保护和增进全体成员既定利益的非营利组织。我国政府及学者对行

①王家宝，服务创新：关系嵌入的视角[M]，上海：上海交通大学出版社

业协会的认识也不尽相同。1997年国家经贸委印发的《关于选择若干城市进行行业协会试点的方案》称："行业协会是社会中介组织和自律性行业管理组织。在社会主义市场经济条件下，行业协会应是行业管理的重要方面，是联系政府和企业的桥梁，纽带，在行业内发挥服务、自律、协调、监督的作用。同时，又是政府的参谋和助手。"中国工业经济联合会认为："行业协会是同行业企事业单位在自愿基础上，为增进共同利益，维护合法权益，依法组织起来的非营利性、自律性的社会经济团体。"张理泉认为，行业协会以同行业企业为主体、在自愿基础上为增进共同利益而组织起来的社会经济团体。王名认为，行业协会是民间组织中的社会团体，国际上统称为非政府组织，属非营利组织。行业协会属于我国《民法典》规定的社会团体法人，它不属于政府的管理机构系列，它是政府与企业的桥梁和纽带，因此又叫作中介组织。鲁篱认为，行业协会是由单一行业的竞争者所构成的非营利性组织，其目的在于促进在该行业中的产品的销售和雇佣方面提供多边性援助服务。

尽管不同国家和不同学者对行业协会的认识及定义的侧重点不完全一致，但对行业协会的本质特征的认识是基本一致的：行业协会是一种具有自发性、行业性、会员性、非政府性、非营利性的社会组织。

（二）行业协会的特征

1.非营利性

行业协会与一般中介组织不同，不以利润最大化为目的，而以为会员提供服务达到协调行业秩序、增进共同利益和维护合法权益为目的，可从事不以营利为目的经营性活动，但不得将利润分配。行业协会的主要收入是会费收入，其主要支出是为会员企业提供服务的花费。

2.非政府性

行业协会不是政府机关及其附属物，也不采用政府行政式的管理与运作机制，行业协会独立于政府和其他组织，其合法活动不受非法干涉。

3.服务性

服务性是行业协会的根本属性。行业协会是以会员为主体的社团组织。会员加入行业协会即获得会员身份及会员权利,可以享受行业协会提供的会员服务和给予的会员利益。从企业个体来讲,行业协会也承担了由会员企业分离出来的部分企业事务,包括信息咨询、人员培训,提供商业机会,辅助商务等。从某种意义上说,企业对其服务的需要,正是行业协会存在的基础。

4. 自治性

行业协会的自治性可以从自主性和自律性两个方面理解。行业协会的自主性是指其根据有关法律,法规,自主地享有应有的权利,实行自我管理,开展各种与宗旨相符的活动,自我承担相应的责任。行业协会的自律性主要表现在自我约束、自我规范、自我管理、自我控制。行业协会自律一方面加强了行业协会的独立地位,避免了政府的过分介入:另一方面规范了行业协会内部成员行为,规范了企业行为,节省了社会秩序成本和司法成本。

5. 中介性

行业协会是国家与社会之间的纽带,促进沟通和协调,它们主要在对社会进行管理以及社会组织参与国家活动过程中充当中介性机构。

6. 行业性

行业协会以市场经济中客观存在的业种品种,工,种等行业差异作为组织标志,以同行业企业或企业家为主体组成不同的行业协会。

7. 市场性

与社会性社团不同,离开市场就失去了行业协会存在的土壤,而市场经济存在和发展也不可缺少行业协会的活动。

8. 互益性

行业协会不像企业那样谋取自身利益,也不是为整个社会谋福利的社会公益组织,而是为特定群体的共同利益服务的团体组织。

9. 自愿性

行业协会的建立、运作和发展体现成员自愿。

(三)行业协会职能

1999 年国家经贸委印发的《关于培育和发展我国工商领域协会的

若干意见》中明确行业协会应当具备以下职能:①开展行业及地区经济发展的调查研究和立法方面的意见和建议。②经政府同意和授权进行行业统计,收集、分析、发布行业信息。③创办刊物,开展咨询;④组织人才、技术及职业培训。⑤组织展销会、展览会等。⑥经政府部门同意,参与质量管理和监督工作。⑦指导、帮助企业改善经营管理。⑧受委托组织科技成果鉴定和推广应用。⑨开展国内外经济技术交流与合作。

(四)行业协会对创新的支持与推进

结合服务创新的四维度模型来分析行业协会对创新的支持推进作用。

1.行业协会为技术创新提供服务

从技术维度来看,首先,行业协会以技术网络扩展技术来源。现阶段,在企业资源整合能力与外部创新资源拓展还比较有限的条件下,由协会出面经常性地组织会员企业走出集群进行区外甚至是出国考察,学习国内外先进技术,先进理念,开辟新的创新资源就显得格外重要。其次,行业协会着力于培训,发展关键共性技术,提升创新水平与产业层次。为维护集群的竞争秩序和声誉,提升集群整体的发展水平,并及时应对国内外技术标准变化带来的产业发展风险,行业协会经常性地与政府部门联手开展质量监督与技术培训服务。最后,行业协会提供技术鉴定和产品检测服务及行业标准的制定,是推动集群及企业技术创新的有力支撑。

2.行业协会对行业知识产权的维护及高技术人才的培育为行业创新提供条件

从新服务概念维度来看,行业协会对知识产权的保护,高技术人才的培育及所进行的联合研发和专利活动,在一定程度上为企业的新服务概念界面创新提供了有利条件。

3.行业协会以信息服务引导企业创新

知识是创新的基础,以信息化带动工业化,提高企业创新能力与水平是切实提高集群创新能力的重要前提。从传递系统维度来讲,行业协会的信息交换职能，定期发行会刊和建立专业性网站，开展与外部产业集群协会的交流，对企业创新起重要的引导作用。

第四节 微观层面服务企业创新分析

一、创新战略选择

（一）创新战略选择的原则

我国服务企业正处于改革与进步的特殊阶段，因此对创新战略的选择要坚持理性的原则和一切符合实际的原则，概括起来有以下四点。

1. 环境适应性原则

环境是不断变化的，环境包括宏观环境与微观环境。宏观环境与国情政策息息相关，而微观环境可以认为是行业环境和企业内部环境，如制度优势或改革动力等。因此，企业在创新前首先要考虑的就是环境条件，只有与环境相适应，企业才能顺应规律不断前进。

2. 能力符合原则

每个企业都想成为最高的垄断者，就像每个攀岩者都希望达到山顶。但是，事实是每个企业都有自己的发展位置，都有属于它们的层次。这与企业的能力是紧密相关的。这种能力是个大概念，它包括资金、员工等各个方面的条件。所以，企业不要好高骛远，要脚踏实地地进行改革创新，创造属于自己的一片天空。

3. 适度超前原则

当然，能力符合原则并不是保守原则，而是符合实际的原则。企业要想发展，要思超越别人，就要敢想就要超前，当然是适度超前。技术创新也要如此，这样才能避免总是走别人的老路。

4. 逻辑渐进原则

所谓逻辑渐进原则，就是指企业要一步一个台阶地走，按顺序完成任务，这个原则在技术创新中表现得十分明显。

（二）创新类型

根据创新战略的分类方法的不同，可以将创新战略分为很多类。笔者根据创新的内容划分，将创新战略分为技术创新战略、管理创新战略、产品创新战略和制度创新战略。四者的关系是相辅相成的。制度创新为企业的一切创新工作提供基本的组织保证，管理创新提高企业的管理效率，产品创新是企业持续发展的有效保证，而技术创新则贯穿于企业创新的全过程。

1.制度创新

虽然我国服务企业已经取得了长足的发展，在我国经济中也起着不小的支柱作用，但是与大中型国有企业相比还是存在一定的差距，究其原因可知不进行深刻的制度创新是不行的。

中小企业制度创新的障碍首先是产权制度不完善。在知识和技术日益发展的今天，企业越来越依靠高新技术人才和管理人才。这就涉及权利的分散与下放等，而这就是导致产权关系不明确的本质障碍。其次是管理障碍。服务企业由于规模的不断扩大，管理的幅度也相应扩大，造成的结果只能是管理的难度也相应扩大，最终造成人浮于事，产生这一现象的根源就是制度缺失。

中小企业制度创新的内在动力首先毫无疑问的就是市场的动力。市场是一只无形的手，不断调节着企业的变化。企业要改革、要变化，要进步，必须依靠市场的调节，而变化的基础和根本就在于制度创新。然后，企业的内部动力，企业生存的意义就是获得高利润，作为企业的员工，当然也想获得高收益，这一切都要求企业进行制度上的创新。

2.管理创新

管理创新是指企业根据现代管理的客观规律，适应形势的变化，运用新的更有效的方式，方法对生产要素、生产条件，生产组织等进行重新整合，以期更有效地达成企业目标的过程。

管理能力的提升面对着诸多障碍。首先是企业文化障碍。我们企业的一切生产,经营与管理活动都在企业的文化中进行。企业文化是企业经营管理的价值观基础,企业进行创新都会受到企业文化的约束。我国的传统文化中有一些类似中庸文化的不思变的传统。这一种文化氛围中的企业就存在创新的障碍。其次是领导的创新意识,创新能力。企业领导的决策与思想是企业行动的先导。领导要能不断学习先进企业的创新思想,突破旧的传统观念,迈出创新的第一步。最后是企业的宏观环境障碍。企业进行生产活动必须受制于企业的宏观环境,即生产力发展水平。自1978年以来,我国已经从计划经济转向了社会主义市场经济。市场经济已大大发展,但是一些企业仍然跟不上时代步伐和社会的脚步,仍然延续着粗放式的经营方式。

中小企业管理创新的内在动力是提高企业的竞争力,不仅要在制度上有根本上的创新,在管理上也要有所创新。随着企业规模的扩大,人员不断增加,管理创新是提高管理效率、创新效率、员工绩效等方面的有效手段。这就需要企业在管理制度上,管理文化上、管理手段上,管理规章上有所行动。

3.产品创新

对产品创新的定义有很多种,笔者较赞同如下观点,即产品创新是通过创新过程最终能够在市场上实现其商业价值的新产品。中小企业产品创新的障碍首先是融资渠道单一,研发资金不足。据相关数据显示,我国中小企业对于产品创新投人的资金近几年大大攀升,但与欧美国家相比存在较大的差距。研发资金不足仍然是一大阻碍。然后,信息技术的应用跟不上产品创新的需要。我国目前还是运用传统的信息获取方法与管理方法,有时会造成创新信息来源的失误,直接影响创新的效果。

中小企业产品创新的动力,首先需要政府的大力支持。地方政府要出台政策吸引多方面的厂商,拓宽自己的融资渠道。另外,政府应大量投入产品研发资金,支持研发机构,高校和中小企业研发部门。再则,加强企业信息化建设。企业要建立信息化的数据库,采用科学的手段获取创新的各种资源,加强信息对创新活动的正面作用,为创新活动提供强有力的支持。

4.技术创新

技术创新战略是指企业进行技术创新活动的谋划，主要解决企业技术创新的基本原则，根本目标和主要现划等一些带有全局性，长远性和方向性的问题。提高企业的技术创新能力是企业拓展发展空间，提高创新能力的关键。根据创新技术源划分可以分为适度自主创新、模仿创新和联合创新三种模式。

（1）适度自主创新

自主创新战略是指企业依靠自身的努力产生核心技术或概念的突破，并在此基础上完成创新的后续环节，实现科技成果商品化的一类创新行为。

它的优点首先是自主创新使企业在激烈的市场竞争中占据有利的地位，企业可以获得先发竞争优势，抢先获得市场，能占据较大的市场份额。其次，自主创新成功后可以带动一批在技术上与之相关的新产品的诞生，企业可以利用自己的先发优势，迅速发展预期的相关产品与业务，扩大市场份额；企业可以通过自主创新稳定自己在本行业中的中心地位；自主创新企业在创新的过程中就早早考虑供应链等问题，因此会获得支经济，最有效率的供应链。这是属于自己的优势。最后，企业可以通过出售自己研发的创新产品或服务的专利等来获取额外收益。

它的缺点可能与它的门槛障碍有关。首先，企业要有足够的资金条件以完成创新，任何一个步骤都需要资金的支持。其次，企业要有承担风险的能力和心理素质，这些对大部分企业来说还是有一定难度的。

（2）模仿创新

模仿创新战略是指企业通过引进购买和反求破译等合法手段，吸收和掌握率先创新者的核心技术及技术秘密，充分吸取率先者成功的经验和失败的教训，并在此基础上对率先者技术进行改进和完善，进一步开发和生产富有竞争力的产品，参与市场竞争的一种创新行为。

模仿创新是目前我国绝大多数企业应采取的创新手段,它的大量采用与它具有的优点有关。它投人较少,自主创新要求企业投入大量人、财物,一旦失败,企业面临着巨大的风险。而在模仿创新中,企业可以利用较少的资金投入适合本企业的正确的创新战略中,另外。自主创新者在某种程度上已经证实了这种创新的安全性,因此,其他企业只要模仿创新即可,大大降低了企业的风险。在这种战略选择下,企业创新的成功率也大大提高了。

模仿创新必然决定着企业创新的被动性,需要等到大型企业自主创新后才能跟踪模仿,且企业稍有不慎可能会出现侵犯其他企业知识产权等问题。近几年来,国家鼓励自主创新,因此,对进行自主创新的企业实施一些门槛保护,对进行模仿创新的企业设立一定的门槛。所以,想要进行模仿创新的企业要不断加强自身的实力,才能在竞争中立于不败之地。

(3)联合创新

联合创新战略是指企业与企业或企业与科研单位、高等院校之间发挥各自的优势,联合进行研究开发实施技术创新的一种创新行为。

联合创新的优点是企业间是以资源相互共享为前提的。企业间可以完成资源优势互补,可以克服单个企业无法完成的步骤,同时联合创新可以实现资金共享、人才共享。它能减少市场上资源浪费的现象,对于企业而言完成了单个企业不能完成的创新。

当然,联合创新也存在它的缺点。由于资金共享、人才共享、创新思路共享,当然导致成果的共享,这样就容易引发成果分配不均、产权不清的状况。因此,合作创新的企业应事先做好此类事务的说明。

5.术创新中的其他相关问题探讨

(1)我国服务企业技术创新的主要障碍

我国仍然缺乏真正意义上的技术创新。在一项权威的调查中证实,我国的企业中拥有很少的自主创新,更多的是模仿创新,甚至大多数企业没有技术创新。企业技术创新存在的具体障碍可能有以下几点。

第一,企业规模小,仍以劳动密集型为主。在《中国企业发展报告》中,我国企业中劳动密集型的企业占将近50%。在这种惯性和特征下,企业的技术创新动力不足,技术创新落后。

第二,资金,设备投入有限。我国企业大部分心处在资金不足,投资零散的状态。企业要完成技术创新。首先要有研究开发基金。然而我国的企业普遍规模较小,实力不强,很难筹到资金。即使有一部分资金,通常也投资于扩大再生产之中,而不会进行技术研究。同时,即使企业致力于技术创新,其创新所需设施设备都很难满足技术创新的需要。

第三,优秀人才缺失。我国的企业长时间存在优秀人才缺乏和人员流失的状况。在企业中优秀人才可谓凤毛麟角,而企业又通常忽视优秀人才和创新技术人才的引入,导致创新不能进行。企业不能进行技术创新,必然导致企业利润的减少,员工绩效的下滑,加剧了优秀人才的流失,形成了非良性循环。第四,普遍缺乏以创新精神为核心的企业家精神。我国企业大部分缺乏技术创新,从精神上可以肯定地说是缺乏创新精神。精神是行为的动力,我国企业家十分缺乏这种创新精神,有严重的风险意识,不愿创新、不敢创新,最终导致落后甚至破产的结果。

第五,缺乏有效的激励机制。技术创新是个漫长的过程,是由很多步骤联系在一起的。在这个过程中,除了资金和设备等,技术创新人员的主动性也是应该给予重视的。因此,管理者要考虑各个方面的因素,重视人的作用,要采取有效的激励措施。我国企业只是停留在奖金等物质奖励上,而创新收益奖金这一有效手段还未普遍采纳。

第六,政策不完善。针对我国企业技术创新,国家也给了很多的鼓励政策,但是我国企业数量庞大,加上技术创新的任务艰巨,企业的实力不足,因此,企业对于技术创新非常敏感,不愿提及。

(2)我国服务企业技术创新的有效途径

第一,国家应加大技术创新资金的投入力度,支持并鼓励技术创新团队、企业或研发机构。对于规模小。劳动密集型企业,应鼓励在扩大再生产的同时，进行技术创新。第二，针对优秀人才缺失现象，国家应加大高等教育与高职高专等教育机构在技术创新课程开设上的力度，培养在技术创新方面的高技术人员，为企业未来发展培养精英。第三，对于普遍缺乏创新精神的企业，应经常组织企业管理人员进行教育培训，提供出国考察等学习机会，使其认识到创新对于企业发展的必要性。中小企业可以挖掘自身的优势，克服缺点，创造技术创新的环境，如与其他企业进行交流与合作，共同创新。在企业内部，管理者要运用激励方法，激励勇于创新的员工，培养冒险精神。第四，市场是最好的解决办法。市场像一只无形的手，通过资源配置，调节着市场和企业。市场是企业的生存环境，因此，市场对技术创新的要求是企业技术创新的最好动力。

（3）企业技术创新战略选择的机制研究

机制是指一个工作系统的组织或部分之间相互作用的过程和方式。企业战略的选择机制是指企业开拓和争夺市场的全部措施或手段的总和，也就是企业利用它所拥有的对市场有影响作用的各种要素来开拓和争夺市场的一切方式、方法。

基于企业技术创新选择的工具分析。企业技术创新的选择有三种工具：风险评估分析，最佳时机分析以及智猪博弈分析。

风险评估分析。技术创新项目的风险评估法行很多种，其中较多采用的是实物期权法。当企业投资参与某项技术创新的时候，如果在过程中发现这项投资收益很小，可以立即停止投资活动。如果预期收益乐观，可以继续投资。这种评估方法的缺点是需要大量的数据来进行判断。还有一种较为实用的方法就是概率法，通过对预期利润的预测，用数字来分析投资效益，比较客观。

最佳时机分析。最佳时机的实质是先行者策略和，跟随者策略。先行者策略与跟随者策略的不同是何时采取创新，类似于前面所说的自主创新和模仿创新。其各自的优缺点非常明显，所以企业要认清自己的位置，找准市场，进行正确的创新战略选择。

智猪博弈分析。在技术创新过程中，一个企业进行创新会直接或间接地影响到其他企业的创新活动，而其他企业的创新活动也会影响到本企业的创新活动:所以，企业进行技术创新是一个博弈的过程，而博弈理论中最典型的就是智猪博弈。

以上分析说明，大企业无论是否创新，由于其市场份额和竞争力的原因，都会获得收益，而小企业不同，如果创新不慎，可能导致损失。因此，小企业要谨慎创新。这就提醒小企业，创新要谨慎，要考虑大企业，所以，小企业的现实选择就是模仿大企业进行创新，即模仿创新，基于企业生命周期理论的战略选择。企业的生命周期分为产生期、成长期、成熟期和停滞期。企业生:命，周期理论与企业战略选择联系在一起的本质就是企业要根据自己所处的周期，扬长避短，把握时机进行技术创新。产生期:企业在这一期间，实力较弱，资金不足，发展缓慢。最好采取模仿创新，以迅速提升企业的市场竞争力，这一阶段是企业的起步阶段。

成长期:在这一阶段，企业已经积累了一定的经验、资金和客户。在这个阶段，企业应进行合作创新与自主创新。但是，我国企业，在这一阶段仍然发展不足，基础还是停留在起步阶段，企业的创新战略选择还是在模仿创新上。

成熟期:这一时期是企业发展的鼎盛时期。企业的资金积累、人员已经达到一定的规模，可以采取多神战略，比如国际化战略、名牌战略等。

滞后期:在这个阶段，企业要根据自己的情况改变自身技术路线，也是对原有技术创新的突破。

综合以上两种对技术战略选择的机制研究，可以得出结论:小企业在开始时要积聚自己实力，跟随大企业进行模仿创新，等企业具备一定的实力时，再进行自主创新，同时在创新机制选择时，要根据企业的生命周期的特点来做出正确的战略决策。

(4)政策和建议

第一，处理好技术创新、制度创新，管理创新和产品，创新的关系。处理好四者之间关系就是要明确它们在创新中的作用，发挥其各自优势。比如,制度创新为企业。创新提供结构框架,管理创新在企业创新战略选择之中起着激励员工和创新人才的作用。只有处理好四者的关系,才能使创新战略的实施符合预期目标。

第二,政府对企业创新战略选择提供建议与帮助。政府在出台相关政策的同时,要多重视企业创新战略选择的正确性,避免盲目性。通过学习,使企业家们的创新战略选择适应市场。

第三,处理好自主创新与模仿创新中"度"的问题。自主创新与模仿创新虽然只是时间上的先后问题,但是会关系到企业的生死存亡。企业要看准市场,认清自身情况,正确选择创新战略。这就涉及一个"度"的问题,何时该自主创新,何时该模仿创新,还需要企业通过经验和市场变化与创新工具分析来决定。所以,处理好"度"的问题非常重要。

综上,模仿创新是目前我国服务企业创新战略的现实选择,但并不是说模仿创新是一成不变的选择,还要根据企业的状况,市场的时机,顾客的要求不断改变创新战略选择。

创新战略选择不是一件简单的事情。企业要找准位置,认清形势,处理好各方关系,选择正确的创新战略,才能在激烈的市场中处于不败之地。①

二、创新组织构建

(一)服务创新 组织理论

1.组织结构的含义

美国著名心理学家、1979年诺贝尔经济学奖获得者赫伯特·西蒙(H · A.Simon)曾说过:"有效地开发社会资源的第一个条件是有效的组织结构。"可见组织结构的重要性。组织结构(organization structure)也是组织理论家和实践者们一直研究和思考的基本对象。企业组织结构是一种结构形式,结构在《辞海》中是指物质系统内各组成要素之间相互联系,相互作用的方式。关于对组织结构的定义,国内外已有不

① 汤锋,现代服务业集聚区企业技术创新互动效应研究[D],上海:东华大学,2011,

少学者进行过论述。"组织结构是组织的全体成员为实现组织目标，在管理工作中进行分工协作，在职务范围，责任，权利方面所形成的结构体系。组织结构是组织在职、责、权方面的动态结构体系，其本质是为实现组织战略目标而采取的一种分工协作体系，组织结构必跟随着组织的重大战略调整而调整。"①我国邹再华先生在他1988年出版的《现代组织管理学》一书中把组织结构定义为："所谓组织结构就是一个组织内各要素之间所确立的关系形式，或者说是一个组织内各要素的排列组合方式。"

从国内外学者对组织结构的研究来看，虽然仍有许多争论，但大多数学者都同意这样的观点：从具体分析和研究的角度来看，组织结构应包括三个核心内容，即组织结构的复杂性（conplexity）、规范性（formalization）和集权与分权性（centralization & decentralization）。

组织结构中的复杂性是指组织结构内各要素之间的差异性（diffentiaion），它包括组织内的专业化分工程度、垂直领导的层级数以及组织内人员及各部门地区分布情况等。

组织结构中的规范性是指一个组织内的纪录、规章制度、工作程序、生产过程及产品的标准化程度等。

组织结构中的集权性与分权性是指组织内的决策权力的集中与分散程度。

2.组织结构创新的含义

组织结构创新最早可以追溯到熊彼特。根据熊彼特的经典定义，创新是指将一种从来没有过的，关于生产要素的"新组合"引人生产体系，从而引起生产方式的变革，形成一种新的生产能力。由于历史条件的限制，熊彼特没有专门研究组织创新的问题，也没有具体分析各类型创新之间的各种可能的组合关系，虽然他主要关心的是与技术相联系的创新，组织创新并不是其创新理论的核心内容，但是已经埋下了组织创新研究的种子，因为在熊彼持所提出的创新的五个方面中，其中一个方面就是实行一种新的企业组织形式。20世纪二三十年代，

①陈飞. GZYZ组织结构重组案例研究[D]. 广州：华南理工大学，2014.

经济学家弗兰克·奈特(Frank Knight),罗纳德,科斯(Ronald Coase)对企业组织问题做了开拓性的探索,开创了现代企业理论的先河,同时也是组织创新理论研究的新起点。进入20世纪70年代,由于威廉姆森(Wllianson)发展了科斯的交易成本理论,用来成功地研究企业结构及其演进,并与钱德勒(Chandler)等人的经验研究紧密结合,现代公司理论在组织结构方面获得了长足进展,取得了丰硕成果。20世纪80年代以来,创新研究开始突出对创新的相关因素和组织内部制度结构的研究,从而开启了组织结构创新的一个全新局面。

笔者所述组织创新是指组织中的管理者和其他成员为使组织系统适应外部环境的变化或满足组织自身内在成长的需要,对内部各个子系统及其相互作用机制或组织与外部环境的相互作用机制的创造性的调整、开发和完善过程。它的内涵概括起来分为以下四个方面:①组织结构与职权分配的创新。②组织任务与流程的创新。③组织中人员、观念与文化的创新。④人力资源管理实践的创新。

3.组织创新特点

首先,组织创新是企业的一种内部调整。再则,服务创新组织构建的前提是顾客导向。顾客在整个企业服务过程中的每一环节都起着至关重要的作用,无论是服务的生产、包装、提供甚至结束反馈,顾客的喜好层次等都决定着服务企业的命运。因此,企业进行任何创新都必须首要考虑顾客,针对服务创新组织构建这样的根本内部调整与创新更要以顾客为前提。这不仅仅局限于服务企业,而是任何企业都适用的。

4.服务创新组织的影响因素

企业的组织结构创新当然是在受到很多因素的共同作用与制约下形成与发展的,也是不断变化的:国内外很多学者都对此进行过探讨与研究。权变理论学者认为。组织结构受规模、战略、环境、技术等权变因素的综合影响。著名组织设计专家加尔布雷斯指出,决定企业组织结构的因素有产品线的广度、产品线的变化速度、各部门及单位之间的相互依存性、技术水平、组织的规模经济和实际规模等。概括起来主要有三大影响因素:技术因素、环境因素与任务因素。

5.几种典型的服务创新组织模式

(1)战略主导型组织

大中型企业经常采用这种模式。采取这种模式的企业把战略决策放在重要地位,其所进行的创新完全是为企业战略服务的。但是,创新并不局限于企业高层管理者,事实上,企业员工或某个群体是创新思想的重要来源,而高层管理者只是起着同意创新思想并使其在符合企业战略发展方向上实施的作用。

(2)网络型组织

网络型组织比较适合于小型企业,相对比较灵活。但是这样的企业通常创新能力不足,通常需要与其他企业联合来获得创新信息,结果经常导致创新动力不足,各企业安于现状。

(3)专业化组织

专业化组织是一种具有一定局限性的组织,它只适用于专门从事服务业或提供纯服务的企业,因此专业化要求特别高。

(二)企业竞争力理论概述

企业竞争力在某种程度上可概述为核心竞争力,其形成并不是一成不变的。在现代经济条件下,企业竞争力的重要性不言而喻。

1.企业竞争力的含义

针对国外企业竞争力研究的不同理论,国内研究人员对企业竞争力有不同的解释:企业竞争力就是企业的市场竞争能力;企业竞争力就是企业的生存发展能力;企业竞争力是去夺取市场份额和利润的能力。

竞争是对手之间的对抗,企业竞争力的实质是企业有效使用生产要素的能力。

企业竞争力的概念实质上包含了三层含义:第一,体现为产品或服务优势,即企业能更敏捷地向顾客提供顾客满意且愿意购买的产品或服务;第二,体现为形成产品或服务优势的深层原因,即企业持续拥有有价值、稀缺的超群性和独特性资产;第三,产品和服务以及资产特性状况决定着企业能否持续生存和发展。

2.升企业竞争力的必要性

20世纪80年代以来,企业的竞争力已被学者反复探讨,其实践作用也越来越被人所重视。越来越多的企业把培养核心能力作为企业获取长期竞争优势的战略武器。

第四章 现代企业服务创新评价

第一节 企业服务创新对企业绩效的重要性

一、绩效的含义与特征

(一)绩效的含义

绩效是什么？这一最简单的问题却最难回答。《牛津现代高级英汉双解词典》对“绩效”的原词“performance”的释义为“执行、履行、表现、成绩”。这样的解释显然含糊不清,企业更是难以据此进行实际操作。社会化生产初期,生产率是衡量绩效水平的唯一标准,但随着管理实践深度和广度的不断提高,人们对其内涵和外延的认识也发生了变化。管理大师彼得·F.德鲁克(Peter F.Drucker)认为:“所有的组织都必须思考‘绩效’为何物,这在以前简单明了,现在却不复如是。”因此,要想测量和管理绩效,首先必须明确其概念的内涵和外延。就像贝茨(Bates)和霍尔顿(Holton)指出的那样,“绩效是一个多维建构,观察和测量的角度不同,其结果也会不同”。目前对绩效的界定主要有三种观点:第一种观点认为绩效是结果;第二种观点认为绩效是行为;第三种观点认为绩效是知识、技能等通过工作能转化为物质贡献的个人素质。

1.绩效的“结果观”

贝纳丁(Bernadin)等认为,“绩效应该定义为工作的结果,因为这些工作结果与组织的战略目标、顾客满意度及所投资金的关系最为密切”。凯恩(Kane)指出,绩效是“一个人留下的东西,这种东西与目的相对独立存在”。从这些定义中不难看出,绩效的“结果观”认为,绩效是工作达到的结果，是一个人工作成绩的记录。一般用来表示绩效结果的相关概念有：职责（accountabilities）、目标（goals or targets）、结果（results）、生产量（outputs）、关键绩效指标（key performance index，KPI）、关键结果领域（key result areas）等。在实际应用中，将绩效以“结果/产出”的形式加以解释和衡量是最早出现也是最常见的方法，而对绩效结果的不同界定，也可以体现出不同类型或水平的工作要求。

但是，如果结果产生的过程我们无法控制和评定，那么由行为最终形成的结果还能可靠吗？如果工作结果受到个体行为之外的其他不可控因素的影响，那么依据产出结果评价员工的方法还是公正的吗？再者，过分关注结果不可避免地会导致对重要行为过程的忽视，从而使得管理者无法很好地对员工进行指导和帮助，员工的行为也会受到误导而出现短期化的倾向。正因如此，绩效作为“行为”的观点出现并流行了起来。

2.绩效的“行为观”

墨菲（Murphy）将绩效定义为“是与一个人工作的组织或组织单元的目标有关的一组行为”。坎贝尔（Campbell）指出，“绩效不是行动的后果或结果，它本身就是行动……绩效由个体控制之下的与组织目标相关的行为组成，无论这些行为是认知的、生理的、心智活动的还是人际的”。根据上述定义不难看出，绩效的“行为观”认为：绩效是行为，但并非所有的行为都是绩效；只有与组织目标相关的、与结果/产出相关的行为才算是绩效，而且这些行为应该是可以进行观察或衡量的。这种观点虽然很容易得到大家的理解和认可，但是在实际操作中如何界定和评价“行为”同样面临困境和质疑。特别值得思考的问题是，那些不与结果产出相关的行为是什么呢？

3.绩效的“素质观”

随着知识经济的到来，从事脑力劳动的知识型员工成为员工队伍的主体，而他们的工作行为和工作结果与体力劳动者截然不同，因此对其绩效的衡量给组织的绩效管理带来了新的挑战，素质研究正是在这样的背景下出现的。1973年，《美国心理学杂志》上发表的论文

“Testing for Competency Rather Than Intelligence”,论证了行为品质和特征较之潜能测试(如智商测试)能够更有效地决定人们工作绩效的高低,而这些直接影响工作业绩的个人条件和行为特征被称为素质(competency)。

目前,越来越多的企业将以素质为基础的员工特性纳入绩效的范围中,更加重视素质与高绩效之间的关系,同时素质模型也为管理者指导,帮助员工以及为员工筛选、培训提供了可参照的依据。更重要的是,绩效的“素质观”突破了传统绩效观念仅仅“追溯过去”“评估历史”的局限,将视角拓展至未来,从而更加符合知识型员工的特性以及绩效管理的真正目标——长远、持续的绩效提高。

综上所述,绩效的含义是非常广泛的,不同的时期、不同的发展阶段、不同的对象,绩效都有其不同的具体含义。不论是“结果观”“行为观”或“素质观”,都代表了学者们从不同角度对绩效的理解,同时也都难免有所偏颇。其实这些观点之间并不矛盾,而是相辅相成共同构成了一个全面的绩效观。为此,笔者采取一种综合的办法来定义绩效,试图兼顾工作结果、行为和员工素质:绩效是员工依据其所具备的与工作相关的个人素质所做出的工作行为及工作结果,这些行为及结果对组织目标的实现具有积极或消极的作用。

(二)绩效的特征

1.多因性

工作绩效的优劣不是由单一因素决定的,而是受制于主客观多种因素。它既受环境因素的影响,又受工作特征因素的影响;既受员工自身能力、个性因素的影响,也与组织的制度与机制有关,同时还受员工工作动机、价值观念的影响。

2.多维性

绩效既包括工作结果,同时也包括工作行为与能力。因此,需从多种维度、多个方面去评估绩效。如一位部门经理的工作绩效,不仅反映在他的经营指标上,还要考虑其对下属的监督、指导等管理指标的水平,整个部门的业绩指标和团队指标都应包含在内。

3.动态性

由于绩效只是一段时间内工作情况的反映，因此绩效水平不是一成不变的，而是随着客观条件和主观因素的变化而变化。切忌以主观僵化的观点看待绩效，考核体系的设计也应考虑到绩效水平及其内涵、外延的变化。①

二、企业服务创新对企业绩效的重要性

随着我国经济格局的重大改变，产业结构的调整影响着服务业内部的转换。服务发展水平是促进企业发展的重要因素。作为服务业的每一个具体的服务企业，如旅行社、饭店等，它们是服务业劳动力的主要去向，服务企业的服务水平决定了整个服务业的水平。有些服务企业为了求发展，已经开始实施服务创新，虽然还没有系统的宏观统计数据，但仍然能够在现实中看到很多服务企业在提升竞争力的基础上，更注重服务创新，包括经济的投入、技术的革新、质量的提高、加强顾客满意度管理等。

服务创新是一个复杂的概念，创新能否取得成功，在很大程度上取决于实行创新的企业能否收回高额的创新投资并实现创新所要达到的预期经济效益、社会效益。有效地利用服务创新，不仅可以最大限度地发挥出旅游企业的自身潜力，实现顾客的需求，使企业获得竞争力，还可以直接提高企业的经济效益，甚至在与“顾客满意度”和“顾客价值”相关的隐形层面也发挥出了作用，也就是间接地提高了企业的经济效益。

顾客是企业的利润来源，企业的服务创新应该是通过满足顾客的需求来完成的。企业通过即时信息分析，发现创新源，为企业的服务创新提供有力的支持，也保障和促进创新的实现。企业在获得竞争优势的前提下，产生经济利润。服务创新的最终目的就是使企业在某个或者多个价值活动中获得突破或者是改进，通过服务创新改善服务效率，从而降低服务产品的成本；通过服务创新引起产品的创新和市场

①张黄忠．越南制造企业的服务创新与企业绩效关系研究——以顾客满意度为中介变量[D]．南京：南京师范大学，2017.

的创新，达到开辟新市场的目的。

这里要说明的是，服务创新的成果不是即时的，而是以一种循序渐进、不知不觉的方式出现的。即使出现了，也不应该是大规模的。通常状况下，服务创新的成果只能在长期中才能显现。因此，识别是不是服务创新带来的效益就不是很明确，需要长时间的衡量才能确定。有研究表明，服务创新只能在有限的程度上影响服务企业的生产率，却不能改变生产率，因为服务创新本身不是有形的实体，它是一种渐进式的变化，不能在短时间内迅速改变生产率，这一点是可以肯定的。

第二节　企业服务创新的测度

一、企业服务创新的目标和效果

（一）创新目标

服务创新活动最直接的目标有：提高服务产品的质量；改善服务提供的效率；降低服务产品的成本。但这并不是创新的所有目标。创新是一个具有战略意义的活动，除以上直接目标外，服务企业的创新活动还具有以下一些战略性目标：提高员工的生产率；增强企业对顾客需求反应的灵活性；增强产品的可靠性；加快产品的传递速度；形成与竞争者的产品差别化；提高企业竞争力（创新作为重要的竞争变量）；通过市场创新开辟新市场；通过传递创新将顾客“绑定”到企业中；提升企业品牌，同时改善市场定位；通过经常性的创新活动给顾客留下“创新型企业”的深刻印象，从而提高企业形象。

从以上创新目标可以看出，服务企业的创新活动不仅可以直接改善企业的经济绩效，还可以在更多与顾客满意度相关的“无形”方面发挥重要作用，并作为重要的竞争变量提升企业的整体竞争力。

（二）创新效果

创新活动对服务企业具有多方面的效果。其中最明显和最直接的效果是，通过过程创新和组织创新可以提高服务的生产率，并以此通过价格降低而间接引起市场扩张；或是通过产品创新和市场创新直接引起市场扩张。创新会引起服务业的增长，但它的效果不会立即显现，即使显现，也不是大规模的，而是以一种渐进和不易被察觉的形式出现。通常情况下，服务创新的效果只有在长期中才能显现。研究还显示，创新只能在有限的程度上影响服务企业的生产率，而不能迅速改善生产率。这是因为服务创新在本质上是“无形”的，它经常是一种渐进性的小变化，即使创新发生，也不可能对生产率有非常显著的影响。

服务创新的效果需要通过对创新活动的测度而判定，因此服务创新的测度是一个重要问题。对制造业技术创新活动的测度为服务创新的测度提供了一个基础，但服务创新本身的特性又使其测度呈现出诸多不同特点，并造成相应的测度困难。①

二、企业服务创新的测度

目前针对服务创新测度的研究相当缺乏，服务创新的实证调查进行得也不充分，因此这里只对服务创新测度存在的困难作概括性介绍。

目前，服务创新活动非常频繁，针对服务创新的研究也日渐增多。为更好地理解和研究服务创新活动并对它进行有效测度，学术界、产业界和公共政府部门都认为有必要对服务部门创新活动的数据进行收集。美国和欧洲一些国家的统计组织已开始进行有关服务部门技术和创新活动的数据收集、定义、分类和统计分析的工作，这为服务创新活动的测度研究提供了良好的基础平台。

在对制造业创新活动进行调查和测度中所获得的经验可以作为服务创新活动调查和测度的一个起点。然而，在制造业中发展起来的方法和概念能否被运用以及在何种程度上能被运用于测度和分析服务创新活动仍有待进一步的研究。

服务创新包含的内容比制造业技术创新要广泛得多，很多创新形

①张晶敏．现代服务企业的服务创新[M]．大连：东北财经大学出版社，2012.

式与典型的制造业技术创新形式完全不同，因而会产生以下问题：是否存在针对服务创新的测度指标？技术创新的测度指标是否适用于服务创新活动？对服务创新的测度应该从哪些维度进行？建立服务业的创新指标以衡量服务创新活动，存在相当的难度。具体说来，包括以下几方面的困难。

第一，服务本身的特性以及服务创新活动的顾客参与特性使得对服务创新活动的测度非常困难。很多服务创新活动的结果并不形成某个"有形"产品，而是一个无形的过程，在很大程度上只能对这种过程进行定性描述，而很难用量化指标反映，即使那些可标准化并大量生产的服务也很难用新产品和新工艺以及专利等指标加以反映。因此，需要开发新的和更为有效的指标来反映服务创新活动的过程状况和效果。

第二，现有的创新指标局限于对技术创新活动的测度，存在创新调查的"技术偏见"。很多服务创新活动是由本身特性而产生的，是一种明显的非技术型创新，而技术偏见的存在就低估了存在于服务活动中的创新度。创新调查因此需要一个同时涵盖服务创新活动和制造业创新活动的更为宽泛的指标体系。

第三，目前有关创新调查的理论基础较为薄弱，不能充分反映服务创新的本质。创新总是发生在企业与其他组织的相互作用过程之中，因此应该用一种系统性的观点分析创新活动的发生和发展，但目前的创新调查理论并没有建立在创新的系统观基础上，今后的创新调查应从系统化的角度对创新活动进行测度和评价。

第四，很多创新调查没有对各种不同类型的创新进行足够的区分，因而调查数据显得较为笼统，既不能对创新活动作进一步的识别和细分，也无法进行深入的研究。今后的创新调查应该至少区分四种类型的创新：产品创新、过程创新、组织创新和市场创新。

第五，服务创新的国际调查和比较研究缺乏具有一致性的概念和统计分析方法，无法进行有效的国家间的比较和分析，因而迫切需要建立一套国际认可和通行的标准化服务创新测度体系。

以上困难导致不能完全用制造业中的典型指标如R&D指标和专利数,来对服务创新进行测度和评价,因为服务企业几乎没有正式的R&D部门,而且其R&D活动与制造业中的传统R&D概念有很大的不同,因此用R&D指标对服务创新活动进行评价,可能低估服务企业的创新能力,不能真实反映服务创新活动的实际状况。另外,服务创新成果也不能完全用专利数来衡量,服务创新的无形性使其很容易被对手模仿,因而制造业中的专利保护措施不能对其进行有效保护,这也是服务创新专利较为少见的原因。

尽管服务创新调查和测度评价具有诸多困难,但针对服务创新活动系统化的数据调查和收集工作得到了产业界、学术界的广泛认同,国际组织及一些国家的统计部门都开始对服务创新活动的数据进行收集、分类研究。意大利国家统计局曾在1997年开展了针对国内服务部门创新活动的调查,该调查覆盖了十几个服务部门,对引入创新活动的3258家服务企业进行了问卷调查。调查的主要内容包括引入的创新类型、创新费用、创新的信息来源、创新目标、创新对销售和员工的影响、创新障碍、创新的未来发展等,该创新调查得出的结论主要有:创新在服务中是一个相当普遍的现象,约有1/4 ~ 1/3的服务企业都进行了创新活动,而创新活动具有多样性且存在较大的部门差异;服务创新的目标主要是提高服务质量、增加市场份额、降低生产成本;关于服务创新的信息源,生产和传递部门是最重要的内部信息源,而其他的内部信息源如R&D、营销则相对次要,在外部信息源中,客户和设备供应商、原材料和部件供应是最重要的信息源,研究机构和专利以及许可只是少数企业认为重要的信息源;创新障碍主要有经济和市场因素以及缺乏适当的资金来源、创新的成本和回报期过长、缺乏信息和技术机会、不具备创新能力等因素。

1998年European Commission的服务创新研究项目SI4S,对欧洲七个国家的服务创新活动开展了大量调查和数据收集工作,它采用的服务创新测度评价指标包括:R&D数据和创新费用;专利数据;引用数据,包含服务企业的合著科学文献数据;有关合作和网络的数据;由新建立的服务企业提供的新服务数据;培训活动和教育投资活动(非物质的无形投资);其他类型的服务创新活动的正式组织;创新活动的文化基础九项指标。

从以上分析可以看出,服务企业创新测度与评价是一项难度较大的工作,但我们认为对一项创新活动进行评价须从以下三个方面来考虑。

一是创新的初始目的。评价创新活动的前提是明确创新的根本目的,不同的创新活动有不同的目的,其最终绩效可能与目的存在偏差,因此在对其创新效果进行评价时需结合创新目的分析。

二是创新活动的运作状况。可以从三个方面来分析:资源分配和管理层的支持是否到位;创新是否是企业整体战略的一部分;组织学习是否达到了预期目标。

三是创新评价指标。服务企业创新活动的不同目的决定了不同的评价指标和方式,应该用一种多维度的指标体系进行分析。传统的企业绩效评价主要是建立在财务指标基础上的,如收入、利润、市场份额等,但越来越多的研究表明,服务开发和创新为企业带来的绩效不仅是财务方面的,还包括诸如改善企业形象、开拓新市场等方面的利益,因此,服务创新和开发的效果可以从产品效益和企业效益两个角度来评价。其中,产品效益是指以财务效益和销售效益为基础的效益评价,它只是衡量某个服务产品带来的效益;企业效益是指产品效益之外的更广泛的效益,具体如下。

产品效益:销售额、市场份额、利润、利润率、投资回收期等。

企业效益:改善和提高其他产品收益率、吸引新顾客、提高顾客忠诚度、改善企业形象、为将来的新产品提供开发平台、开发新市场、竞争力的提升等。

第三节 绩效评价的相关理论

一、绩效评价的相关概念

(一)绩效的概念界定

多年来在大量的研究文献中,绩效总是作为一个没有任何说明的概念被使用着。由于学科层次的不同或对绩效内涵理解的不同,学术界对于绩效概念的界定一直没有统一的意见。从学科层次来说,绩效(performance)一词源于语言学中的中古英法语。根据朗文词典的解释,"performance:the action of performing,or the action of performed",梁朝华总结了高级汉语大词典、韦氏字典、The American Heritage Dictionary of the English Language、Dictionary of Behavioral Science 等国内外权威大型参考工具书,认为绩效的定义简单地说就是成绩、效益和效率。

从营销学的角度将绩效定义为满足顾客的要求更有效、更经济的效果。其中,有效是指顾客的需求能够得到满足,经济是指利用最少的资源来满足顾客的需要。

从组织行为学和心理学角度出发,墨菲定义绩效的范围为"一套与组织或个体所工作的组织单位的目标相互关联的行为";坎贝尔等认为绩效可以被定义为行为的同义词,它是人们实际采取的行动,并且这种行动是可以被他人观察到的。

吴俊卿将绩效引入科学评价的范畴,并结合经济学的视角将绩效定义为是由一定主体作用于一定客体之上、具有可度量性、能够体现投入与产出的对比关系、客观存在的成绩和效益。

以上对绩效定义的界定源于学科层次的不同,因此不存在哪种定义正确不正确的问题,只是不同学科对绩效考察的侧重点不同而使它们对绩效的界定存在分歧。

尽管这些定义根据学科层次不同而各有侧重,但从绩效内涵角度综合分析可知,关于绩效的定义主要有三种不同的观点。

1. 以结果为导向

这种观点认为绩效是指工作的产出成果或结果。以结果为导向的绩效解释方法大多出现在实践性文献中。如英国的吉尔(Gill)和朗(Long)对评价实践情况的调查表明,在英国,以结果为导向的方法已逐渐成为一种占统治地位的绩效要求表达方式。一些学术性资料也同样采用绩效是产出成果或结果的观点。支持结果绩效观点的学者认为注重结果是绩效管理的一个好办法,因为相对于行为而言结果更容易用客观标准来衡量。但是,结果绩效理论过分注重结果的内容导致对实现方式的重视程度不够,从个体的角度来说,以结果为导向的绩效解释方法受到了组织行为学和心理学的挑战;从组织层面上来说,单纯从产出角度,站在结果的角度看绩效,而不考虑投入(过程),也与经济学的投入产出理论相悖。因为产出在一定程度上受实现产出的过程中无法控制的因素的影响,正是出于这种考虑,一些学者更倾向于从行为和过程的角度对绩效进行定义。

2. 以行为(或过程)为导向

从个体的角度来说,以行为(或过程)为导向观点的支持者认为:绩效不是行动的后果或结果,而是与组织目标有关的、可以按照个体的能力(即贡献程度)进行测量的行动或行为,无论这些活动是认知活动、物理运动、心理运动,还是人际活动,都是如此。

从组织的角度来说,绩效就是为实现组织目标而进行的一系列行为活动和运作过程。以结果为导向的绩效解释方法只是站在最终效果的角度来看绩效。其实,效果与过程是密不可分的,对结果进行评价的同时,我们还需要对造成结果的原因进行分析。

3. 以结果和行为(或过程)的辩证统一为导向

随着人们对绩效的认识,出现了将绩效看成是结果和行为(或过程)的辩证统一,认为绩效既可以看成是过程,也可以看成是该过程产生的结果的观点。以结果和行为(或过程)的辩证统一为导向的观点认为对于绩效要“知其然知其所以然”,即既要考察结果,也要考察导致结果的行为(或过程)。如果仅仅衡量结果而不注重对行为(或过程)的考察,则无法说明怎样才能取得结果;反之,只考察行为(或过程)而缺乏衡量结果的具体指标,虽然可能会使运作活动在短期内朝着评价者所引导的方向改进,但是离开了对结果的衡量却不能显示这些运作活动的改进是否已被转化为绩效的提高。

(二)绩效评价的概念界定

进行绩效评价需要注意因绩效结构层面的不同而使绩效评价具有的差异性。在传统上我们通常把绩效评价(有的文献中也说成绩效评估)的目的仅限于人力资源管理领域。吴俊卿从绩效评价应用于科研机构出发,定义绩效评价为对一项有意义的实践活动或对某单位、某部门、某行业、某地区的某个时期工作和建设事业所取得的结果,从成绩和效益方面进行客观评价。

从管理的角度来说,绩效评价被定义为企业或它的业务相对目标的实现程度。好的绩效意味着企业或业务更接近于目标。目前,学术界比较认同的对绩效评价界定的一般性观点是所谓绩效评价(performance assessment),即运用数量统计和运筹学方法,采用特定的指标体系,对照统一的评价标准,按照一定的程序,通过定量、定性分析,对特定主体在一定的期间内做出的效益和成绩,做出客观、公正和准确的综合评判。

二、绩效评价理论研究综述

(一)绩效评价的理论基础

1.系统理论

系统理论是研究和揭示有组织的多因素动态复杂系统普遍运动规律的系统理论和方法。运用系统理论进行绩效评价,主要是由于影响绩效评价可能存在多种因素,如果孤立地进行研究,就容易使绩效评价的结果缺乏科学性。应用系统理论就可以从整体上来把握绩效评价各种影响因素之间的联系和作用,即先从整体出发提出绩效评价的目标,再考虑各个因素之间的结构和相关联系,是一种见树先见林的思想方法。应用系统理论进行绩效评价的基本原理是在绩效评价的过程中，应非常重视各评价指标之间的系统性、完整性和连贯性，并且这些指标之间是有结构的，是有内部联系的，从而使各个指标连接成一个整体，并且系统整体的作用等于各个孤立部分的总和。因此，在绩效评价的过程中，无论是评价目标的选择，还是评价指标的选取，都必须运用系统理论和系统方法科学地加以思考和分析。

2. 控制理论

控制理论是20世纪40年代末发展起来的一门新兴学科，它属于跨学科的、边缘性的和普遍化的科学。反馈、信息、控制是控制论的三要素。从控制论的角度分析，绩效评价过程就是管理控制系统的一个子系统。反馈和前馈存在于绩效评价的整个过程中。绩效评价指标体系的建立就是对组织绩效的前馈控制。将绩效评价的结果进行总结并对照绩效目标分析目标绩效与实际绩效的差距是对组织绩效的后馈控制。控制理论应用于绩效评价的原理就是组织通过对绩效信息的有效评价，以反馈的形式进行信息传递，引导绩效目标值和实际值差距的不断缩短和组织绩效的不断提升的控制过程。

3. 信息理论

信息理论是在长期的通信工程的实践中，与概率论、随机过程和数理统计这些数学学科结合而逐步发展起来的一门新兴科学，是研究信息的产生、获取、度量、变换、传输、处理、识别及应用的一门工程科学。从信息论的角度看，在绩效评价的过程中，面对大量的、庞杂的信息流，如果评价主体无法迅速、有效地得到必要的信息，那么，就无法对组织的绩效进行科学地评价和合理地控制。绩效评价过程中对信息的要求，可以归结为及时、准确、适用、经济。绩效评价结果如何，在很大程度上取决于信息的质量。以信息理论指导我们进行绩效评价，就是要建立有效的信息系统，保证信息及时有效地传递反馈，为绩效评价的顺利进行创造条件。

（二）绩效评价理论研究综述

在经历了一个多世纪的研究后，国内外众多学者从不同视角运用不同的理论对绩效评价进行了深入地探索，奠定了极为坚实的理论基础。目前国外绩效评价主要有以下三种理论体系。

1. 基于生产有效性的绩效评价理论

该理论主要是基于生产有效性理论，从生产角度对绩效评价进行研究，主要观点为绩效是组织成员在特定时间内，由与其所进行工作相关的工作职能或活动产生的产出记录。提高员工的工作效率可以提高劳动生产率，降低劳动成本，进而提高经营业绩。组织和员工在从事管理活动、技术活动、商业活动、财务活动、安全活动等复杂的经营过程中，工作方法或工作条件的改善都会相应地提高它们的工作效率，改变整体经营状况。同时，新的服务理论认为，服务作为一种与顾客直接互动的经营活动，一种由投入产出的转换活动，与上述管理活动、技术活动等具有过程上的相似性。因此，工作方法或工作条件的改善同样会相应地提高它们的工作效率，改变整体经营状况。对组织与员工进行科学、合理、有效的绩效评价，不仅能够分析它们经营活动低效的原因，提出改进的目标和对策，而且还能为决策者提供相关决策信息，以促进业绩持续稳定地增长。此外，绩效评价过程本身也会对组织内部各成员的行为产生一定的激励和约束作用。

以生产有效性为基础的绩效评价理论研究，实质上倾向于用特定时期内组织的产出与结果来表达绩效。这种表达方式比较直观，且便于绩效的量化研究。然而，这种绩效评价却存在一些问题，如除了指标体系的确定以及权系数的选择等技术上的困难外，在绩效评价结果中一部分与全体生产者和管理者相关，而另一部分却是与组织或员工所处的客观环境本身有关，因此该理论缺乏公正性。

2. 基于行为和能力的绩效评价理论

与运用生产有效性理论研究绩效评价不同，组织行为科学学派从绩效决定的内部机理出发研究了这一课题。该学派认为绩效本身是一种行为，并不是组织或个体的行动结果。无论这些行动是认知的、驱动的、精神的还是人际间的，总之，绩效是包含在组织内部控制下的，与组织目标相关的组织或个体的行为和能力。在行为和能力决定绩效的理论指导下，行为科学学派的学者们解释了员工个体需要的满足与追求，是如何推动劳动生产率的提高以及采取怎样的激励和保健因素才能有效地促进员工努力程度以及能力的提高。此后，信息经济学中讨论的委托代理问题，从委托人和代理人的行为及能力如何改变双方效用的角度研究了组织与个体的绩效问题。例如，声誉理论分析了在考虑代理人的市场声誉情况下，代理人的努力程度和经营管理能力与业绩的关系；有关“标杆制度”的研究讨论了该种制度对业绩增长的激励有效性问题。

随着组织的信息化程度不断提高，组织的生产经营活动日趋复杂化，市场竞争日渐激烈，人们纷纷认识到组织和员工的核心能力对绩效增长起关键性作用，而核心竞争能力一方面可通过自我积累形成，另一方面可通过购并或重组等外部性手段获取。在组织和员工的核心竞争能力从量变到质变的过程中，其绩效也将会随之发生相应改变。在基于行为和能力的绩效理论研究框架下，组织和员工的努力程度及其管理能力成为考核绩效的标准。这一理论体系大大增强了绩效本身所能够提供的信息。然而，值得注意的是，将行为与能力引入绩效评价中，需要寻求科学合理地描述行为与能力产生绩效的方法，因此量化研究绩效是这一理论的主要困难。

3.基于战略管理的绩效评价理论

基于战略管理的绩效评价理论主要以组织为研究对象，它们认为组织的绩效是与其总体经营密切相关的。在组织内部开展绩效评价，关键是在于从组织的长远发展角度考虑它们的经济利益，能够建立一套比较全面而且能反映管理对其业绩增长的绩效评价体系，据此通过采用合适的量化方法测评绩效。

传统绩效评价制度主要是以财务数据作为评价指标，强调了对盈利状况进行评价，因此评价结果难以反映企业的整体状况和发展前景，考虑到上述问题，基于战略管理的绩效评价理论引入一些对组织长远利益有重大影响的非财务性要素，如顾客消费的满意度、企业家和员工的素质、经营风险、作业过程与控制以及学习和创新等，并试图通过整合财务性要素与非财务性要素来反映企业综合经营管理绩效。

国内有关绩效评价理论的研究起步较晚，但也有大量学者致力于该领域的探索并取得了一定进展。曲亮总结了目前我国绩效评价的理论现状，认为我国绩效评价理论将国外成熟理论本土化，推广EVA、平衡计分卡等理论，同时结合中国国情力图构建一个中国企业绩效评价体系。

从国家管理角度来说，1999年6月，国家财政部、人事部、国家经贸委、国家计委联合颁布了《国有资本金效绩评价规则》和《国有资本金效绩评价操作细则》，这标志着企业绩效评价制度在我国初步建立。这套绩效评价体系的特点主要是以企业的财务效益状况作为绩效评价的核心内容，采取多方面、多层次的指标体系和多因素的分析方法，以统一的评价标准值作为基准，通过采用定量分析和定性分析相结合的方法对企业的效绩进行综合评价。该评价理论与方法体系对我国实施市场经济战略有突出的实践指导意义，对在企业内部开展绩效评价工作起到了良好的促进作用。

然而，该评价体系也存在一些不足之处，如在指标体系上偏重财务指标，忽视了非财务性因素的一面，因此不能反映企业绩效的全貌：第一，在理论层次上，缺乏成熟的理论体系支撑，对企业绩效的评价侧重事后定量分析，预警性差；第二，在实践层次上，行业分析和实证分析不足，针对性差；第三，考核者主体上不够明确，主要侧重国家管理者角度，绩效评价的结果难以获得经营者的认可，权威性差。①

三、绩效评价方法研究

在上述理论分析的基础上，国内外专家、学者和研究机构等对绩效评价方法做了广泛而深入地研究，取得了可喜的成就。国外的绩效评价方法研究相对成熟，归纳起来，主要有以下几种思路。

（一）基于设计内容展开研究的绩效评价方法

在早期的研究中，国外学者仅仅将财务比率指标纳入研究范围，如19世纪初亚历山大·沃尔（Alexander Wall）在《财务报表比率分析》中

①李治国，梁乃锋，朱柳单．物流企业绩效指标KPI体系建设效果及实证研究[J]．物流工程与管理，2020(7)：51-53+47.

提出了7个标准比率。随着现代企业的成长，英国管理学家罗斯（Ross）提出了评价部门绩效的思想，将评价范围扩展到战略、财务、管理；杰克逊·马丁德尔（Jackson Martindell）提出了一套比较完整的管理能力评价指标体系，将研究范围拓展到企业的社会贡献、组织结构、研究开发等新的领域，但由于内容较多，所以仅限于使用访谈的形式，采用定性分析；著名管理学家德鲁克经过实证研究将评价指标简化为8个，提出目标管理（MBO），关注企业的社会责任和企业的长期稳定程度。

（二）基于评价目标展开的绩效评价方法

绩效评价的最终目标是服务于企业经营的最终目标，随着人们对企业经营目标认识的变化，绩效评价指标也随之变化，由此可以划分为五个时期：一是成本绩效评价时期，此时企业追求产出最大化；二是财务绩效评价时期，企业追求投资回报最大化，主要注重以投资回报率（ROI）为核心的财务指标；三是企业价值评价时期，企业追求价值最大化，注重EVA、销售利润率、现金流量、资产负债率等财务指标；四是股东价值评价时期，此时强调股东财富最大化，注重以每股收益（EPS）及EPS增加值、MVA为核心的财务指标；五是利益相关者评价时期，当前在部分学者坚持股东价值最大化目标的同时，更多的学者将企业经营投向客户、厂商、社区、员工、经理层等企业的利益相关者。

四、绩效评价的指导原则

服务本身的特性和顾客的参与特性使得服务创新的测度变得非常困难，大部分学者的研究都只是停留在定性的描述，运用定量研究方法的很少。因此，服务创新需要一个更宽泛的指标体系。

服务创新并没有制造业技术创新那样成熟和完善，因为它包含的内容比制造业技术创新要广泛得多，所以说服务创新的测度指标是不能和技术创新的测度指标互相通用的。建立服务创新的测度指标具有难度，在数据的收集过程中，会受到数据可采集性的限制，不容易计算，也就无法反映事物的本质。因此，服务创新评价体系是一个模糊的评价过程，我们为了尽可能全面、客观、准确地反映各地区旅游企业服务创新效果，在评价指标的选取过程中应该遵循以下四个原则。

（一）系统性原则

服务创新是一个系统的概念，是由各个子系统组合而成的，因此构建旅游企业服务创新评价指标时就必须做到各个子系统的有机结合，同时要求指标要有足够的覆盖面，要分成若干层次，且各个子系统的指标又是相互独立的，能够系统地反映出创新的效果和整体特征。

（二）科学性原则

构建评价指标应建立在服务创新理论和企业统计理论的基础上，在表达上应做到科学、合理、严谨，这是保证评价结果准确合理的前提，而且应该结合旅游企业服务的特点并分析服务创新的现状，体现出指标逻辑的严密性。

（三）可操作性原则

评价指标不但要考虑其功能性，也要具有可操作性。我们要做到把收集到的有效数据资料能够进行简单可行的操作运行程序：一是评价指标的基础数据要能够采集到，对于得不到的数据，就要想方设法用另一个可以取得的近似指标来代替。二是在对数据进行量化时，数据要保证真实、有效，其中要尽量少用类似定性的指标。三是指标体系不宜过分复杂，在条理清晰、科学合理的前提下，设计的指标要尽量简单明了。

（四）可比性原则

评价应该具有全面的可比性，其中应该有企业不同时期的比较、行业平均水平的比较、与竞争对手的比较等。指标应是企业中可获得的普遍指标，这样才能进行比较，发现问题。

（五）动态性原则

服务创新是一个动态的系统，因为其本身就是在不断变化的，各个环节、各个要素都不是统一模式，所以评价指标不是固定不变的，而应根据实际情况，随时进行调整，同时也要增加反映创新效果的过程指标。

第四节　服务创新发展评价

一、服务创新宏观环境评价

我们从宏观服务创新的影响因素层面出发，进行评价研究。企业服务创新的评价是一个多层次、多因素的综合评价。从经济、社会、环境这三个方面选取以下几个典型评价指标：现代企业营业收入、企业全员劳动生产率、企业期刊论文数量、优秀企业。经济发展水平越高，说明对服务业创新发展的支持力度越大。企业营业收入、企业全员劳动生产率反映经济发展水平；知识发展水平能够直接反映企业的创新来源情况，因此采用企业期刊论文数量来反映科研情况；选取优秀企业这个指标来体现社会对企业的整体环境的重视与支持。利用这三个维度来对企业服务创新的影响因素进行评价。①

二、服务创新微观绩效评价

从宏观上进行服务创新的评价，在指标选取时，尚且不能对服务创新的发展给出全面、深入、细微的评价指标，只是通过层次分析法或因子分析法找到重要的影响因素。在方法运用上，由于有数学论证，结论比较客观，但是筛选出的指标也有可能过于离散，缺乏明确的逻辑关系，这也正是服务创新评价的难点所在。所以，我们再结合微观层面，具体、详细地列出微观层面的评价指标，可以使企业在研究服务创新方面，结合宏观、微观的角度全面考虑，加以借鉴、参考，并为将来完善体系提供来源。

传统的企业绩效评价主要是建立在财务指标基础上的，如收入、利润、市场份额等，而服务企业创新的不同目的决定了不同的评价指

①李晓锋．科技与产业创新研究[M]．北京：知识产权出版社，2018.

标和方式,应该采用一种多维度的指标体系进行分析。越来越多的研究表明,服务创新给企业带来的绩效不仅是财务方面的,还包括诸如改善企业形象、开拓新市场或实现多样化等方面的利益。服务创新绩效主要可以归结为产品效益和企业效益。具体指标包括:①产品效益。销售额、国内和国际的市场份额、收入、利润、利润率、投资回报期。②企业效益。改善和提高其他产品收益率、吸引新顾客、提高顾客忠诚度、改善企业形象、为未来的新产品提供开发平台、开发新市场、竞争力的改善。下面我们运用DEA来评价模型。

DEA是研究投资者付出多少投入,得到多少产出,然后通过这样的结果,可以比较出投入效率如何。基于价值链的服务创新体系是一个由多个子系统组成、多投入和多产出的复杂系统。利用科学的DEA方法可以很好地评价多投入、多产出的创新系统绩效,并根据评价结果进行经济和管理上的分析,提出改进措施。

DEA是一种根据同一类决策单元(DMU)的输入输出数据来评价各决策单元相对有效性的多指标评价方法。该方法是基于对前期决策数据分析的基础上进行评价的,强调所评价对象的整体效果最优,为未来决策提供大量的经验信息。DEA可以对具有多指标投入和多指标产出特点的相同类型单元的相对效率进行综合评价。

DEA的评价步骤如下:①选取输入、输出指标。②通过调查获得样本数据。③利用DEA方法处理数据,分析评价结果。对服务创新系统评价时考虑到数据的可获得性和可量化性,选择的输入指标有研发费用投入比例、研发人员投入、销售服务和技术支持费用投入比例、营销人员比例、营销网络覆盖率;输出指标有利润率、投资回报期、新产品销售份额、新产品或专利产品数量、新顾客数量。我们未对企业创新氛围、创新意识等定性指标做出评价。

第五章 常见企业服务创新探索

第一节 物流企业服务创新

一、物流服务概述

何为“物流”？目前，学术界争议颇多。虽有众多的物流定义，却多是一家之言，不敢苟同。首先说明一点，此处将“物流”这一概念的探讨限定在理论研究范围内。也就是说，探讨的仅仅针对的是抽象的理论阐释，而非形形色色的具体实践形式。因此，要回答何为“物流”，就是要定位物流最本质的内涵。

“物流”中的“物”，作为概念内涵分析的起点，限定了概念的范畴。从宏观和微观的角度来看，“物”主要有以下两层意思。

第一，从宏观的角度来看，“物流”中的“物”是指社会经济领域中的物质。所谓社会经济领域中的物质，说明并非所有的物质运动都能算作物流的范畴，主要的区别是该类物质是否与经济效益相联系。如认为日月星辰、江河湖海的运动也是属于物流的范畴，这一观点就是有些牵强的。虽然任何学科的发展都是具有扩张性的，任何学科的研究者都希望开疆拓土，把其他学科的内容包含进来，但以当下的情况看来物流的宏观范畴仍应限定在社会经济领域。明确了这一点就不难理解，笔者所说的社会经济领域中的物质是指日常的货运物资，包括商品、快递等。同时，还要强调的是这其中包括人的流动，即乘客，由于人的流动也会产生经济效益，因此，人也可以看作经济活动中物质的具体实现形式。

第二，从微观的角度来看，“物流”中的“物”是指物理性的。所谓物理性，是指上述社会经济领域中物质本身的属性，也是“物流”中“物”的概念的具体内容，主要包括两个方面：一是物质本身的物理性，如重量、体积等；二是物质所处的周围环境的物理性，如时间、地点、温度、湿度、光照等。

“物流”中的“流”，承接了“物”的内涵，并对这一内涵做出了进一步的演进。可以说“物”界定了范畴，而“流”是整个概念的点睛之处，它也是社会经济活动中最终产生经济效益的确切途径。从时间和空间的角度来看，“物流”中的“流”主要有以下两层意思。第一，社会经济领域中物质相关活动在时间上的流逝。所谓时间上的流逝，强调的是在某一固定的地点，在一定的时间期限内，随着时间的推移，通过调节周围环境的物理特性使目标物质本身的物理特性得以保持，从而达到物质保存的目的，即仓储功能。第二，社会经济领域中物质相关活动在空间上的流转。所谓空间上的流转，是指物资从某一地点转移到另一地点的活动过程，当然这其中也不可避免地发生时间的流逝，同时也需要保持目标物质的物理特性。但最重要的是要在进行空间转移过程中，要做到迅速、合理、有效地完成这一活动，即运输功能。

总之，物流活动就是通过将社会经济领域中的物质进行时空变换而取得经济效益的。因此，如果要问什么才是物流学最核心的理论知识，仓储和运输是最确切的回答。①

二、基于系统动力学视角的物流企业服务创新研究

（一）系统动力学相关理论研究

1.系统动力学概述

系统动力学（System Dynamics，SD）是一门对信息反馈科学进行研究的学科，它是系统科学的一个分支，也是一门沟通自然科学和社会科学领域的横向学科，实质上就是分析研究复杂反馈系统的计算仿真方法模型。系统动力学的理论基础是系统结构、信息传递、自动控制等。系统动力学包含系统论、信息论、计算机模拟、控制论、管理决策

①袁小娟．中小物流企业服务创新研究[D]．西安：长安大学，2015.

等学科属性的知识体系，能够解决多种复杂系统问题，能为各类、各种决策提供有效的参考。系统动力学在宏观经济、项目管理、学习型组织、物流与供应链管理以及公司战略管理等领域取得广泛的应用，且获得良好的效果。该方法的原理是系统结构对系统功能起决定作用的理论，运用该理论将系统结构的呈现构建出因果关系模型，采用反馈—调节—控制的原理准确反映系统的行为，并且最终采用建立计算机仿真模型的方法，借助计算机仿真对非线性、高阶次、多重反馈系统的系统分析技术进行定量研究，实现结构、历史、功能相结合。

2. 系统动力学的基本原理

系统动力学模型建立的基本原理主要有：因果关系图、模型流图及系统变量与方程式等。

(1)因果关系图

由于系统内部各要素间存在相互联系、相互影响，因此可以通过描述要素间的因果关系来描述系统各要素之间的关系。在系统动力学方法中，就是应用因果关系来描述系统各要素间的关系。因果关系由以下几部分组成。

第一，因果关系。因果关系是指由原因产生某结果的相互关系，是系统动力学方法建模的基础，是对复杂系统的要素与关系的真实写照。从哲学角度讲，原因和结果是揭示客观事物的因果联系的重要哲学概念，它们是客观事物普遍联系和相互作用的表现形式之一。原因是某种事物或现象，是造成某种结果的条件；结果是原因所造成的事物或现象，是在一定阶段上事物发展所达到的目标状态。

第二，因果键。通常因果关系是用一个箭头表示的。如系统中的两个要素A和B，A是原因，B是结果。这种有箭头的线条称为因果关系键，简称因果键。如果A增B也增，则称A、B间具有正因果关系，并用“+”标在因果键旁边。反之，A、B间具有负因果关系，该键称为负因果键，说明A、B变化方向相反，A增B减，负因果键用“-”标出。

第三，反馈环。因果关系环图是指由两个或两个以上的因果关系连接而成的闭合回路图。它定性描述了系统中变量之间的因果关系。

两个以上的因果键首尾相连呈环状,被称为因果反馈环。因为因果键有正负之分,因此,由这种带极性的因果键串联而成的反馈环也必然有正负反馈环两种。系统动力学认为,系统的性质和行为完全取决于系统中存在的反馈。

(2)模型流图

系统动力学在充分考虑到动态系统实物或信息“流动”的基础上,提出了系统动力学“流图”结构。系统动力学流图并不拘泥于动态系统的数学描述,而是把重点放在给系统内部实物或信息之间的相互关系上。如果和定量描述相结合,就给出动态系统状态的全部时间行为。

(3)系统变量与方程式

系统动力学常用的变量有以下几种。

第一,水平变量。水平变量符号是表示水平变量的积累状态的符号,它是SD模型中最主要的变量,又称状态变量。它由五部分组成,即输入速率、输出速率、流线、变量名称及方程代码。

第二,速率变量。速率变量符号是表示水平变量变化速率的变量。它能控制水平变量的变化速度,是可控变量,又可称为决策变量。在数学意义上,速率变量反映了导数的概念,因而它是不能瞬时观察的。它由三部分组成,即输入信息变量、变量名称及方程代码。

第三,辅助变量。辅助变量符号是辅助水平变量的变量。在理论上,系统动力学只需要水平变量和速率变量,加上系统的初始状态就可以确定动态系统的全部过程。但在使用上通常还需要某些中间结果,例如,对系统信息量的理解或计算机仿真输出等,因而又引出了辅助变量这一概念。

第四,外生变量。制约着内生变量,但又不受内生变量制约的变量称为外生变量。

第五,常量。常量是指所考虑的时间范围内变化甚微或相对不变化的系统参数。严格来说,绝对不变化的参数是不存在的,但对于那些变化甚微的参数,都可以视作常数予以处理。常量可以用直接或辅助的形式把信息输入水平变量或速率变量中。

建立方程是把模型结构“翻译”成数学方程式的过程,即把非正规的、概念的构思转化为正式的、定量的数学表达式——规范模型。建立方程的目的在于使模型能用计算机模拟(或得到解析解),以研究模型假设中隐含的动力学特征,并确定解决问题的方法与对策。

3. 系统动力学的相关理论研究

(1)国内关于物流与系统动力学结合方面的研究

管卫华、杨伟、向军、王书翰对德阳市旌阳区进行区域物流系统分析,然后运用系统动力学方法,得出区域物流系统动力学模型的基本因果关系图,并进行了定性的分析,为政府的宏观决策提供了理论依据。陈畴铺、蔡小哩建立了区域经济与第三方物流互动发展的系统动力学模型,分析区域经济与第三方物流之间的相互制约、相互促进的关系。通过模型对实际区域进行仿真、检验,并根据模型仿真的结果,探讨了促进第三方物流与区域经济互动发展的途径与措施。陈治亚、刘立存主要介绍物流安全库存确定的新方法——系统动力学方法,建立安全库存系统动力学模型,对该模型进行运行及结果分析。曹明秀、关忠良、穆东、卞文良从资源型企业拥有的物流资源优势出发,构建了资源型企业物流与资源型城市物流耦合系统,对资源型城企物流耦合进行系统动力学模型设计,建立了耦合系统的系统动力学模型,通过对济宁市和兖州矿业集团的实际情况进行模拟和运行结果分析,从物流角度为资源型企业下一步的转型和发展提供了参考。

罗建锋分析了物流系统的内涵及其复杂性,并对物流系统进行了界定,论证了系统动力学在物流系统中应用的可行性。孟范祥、张文杰、杨春河在系统因果分析的基础上建立了基于系统动力学的物流企业变革理论模型,并利用模型模拟了惯性、学习投入、学习效率、匹配等参数对变革系统动态行为影响路径和企业变革的行为模式,验证惯性影响机制的实现路径及其适用范围,为“实验”各种促进物流企业变革成功的政策的可行性,探索推动企业变革成功的关键“杠杆因素”奠定了条件。戴世青将系统动力学方法应用于物流运输这个复杂的系统当中，建立模型，对现实情况进行模拟，以为物流企业提供定量的可持续发展预测分析，达到辅助企业科学决策的目的，引导物流企业沿着正确的方向发展壮大，提高物流企业生存竞争的能力，并进一步促进物流企业管理的科学化与现代化。

赵美、王海宽、王立欣将物流各子系统看成是一个有机联系的整体，通过调节系统运行机制和各子系统参数值，达到降低物流系统运营成本的目的。该模型为物流成本的核算提供了一种新的思路与方法。孙新波、齐会杰、罗能对FT公司物流组织系统进行了研究，FT公司物流组织创新系统是以内外部环境变化为原因，以物流资源和物流能力为基础，以组织学习和物流知识的存量为支撑的内在创新发展行为，同时这种行为又受到组织内部的认知惯性和行为惯性的阻碍。华光、范敏、孙东泉、李源从联盟组织内涵出发，综合考虑物流战略联盟自身的特性，研究其组织演化的机制，并采用系统动力学方法建构物流战略联盟的自组织演化方程，为物流企业选择战略合作途径与模式提供决策依据。

(2)国内关于服务创新与系统动力学结合方面的研究

贺丹丹针对公共图书馆服务创新动力系统建设问题，从协同观视角系统探讨了公共图书馆创新动力系统的协同内涵。应用系统动力学相关理论，初步构建了公共图书馆服务创新动力系统，并详细阐述了公共图书馆内部创新动力系统和外部创新动力系统两个子系统及其各构成因子相互关系，以期为公共图书馆服务创新动力系统建设提供参考，进而为公众提供更加优质的文化服务。马钦海、相辉认为知识密集型服务业(KIBS)提供知识服务的过程是一个知识创造及扩散的复杂过程，而作为外部知识源的知识密集型服务业在客户企业创新系统中发挥着重要作用。其作用机制主要体现在两个方面：一是作为创新来源，在提升知识密集型服务业自身知识存储和吸收能力的同时，在与客户企业进行交互过程中实现知识的溢出和转移；二是作为创新桥梁，能促进知识在客户企业和其他组织机构之间的流转及扩散。

(二)物流企业服务创新的系统动力学模型的启示

1.物流企业服务创新的系统动力学模型的研究启示

笔者综合运用物流企业服务创新理论、物流企业管理理论、系统动力学理论等相关研究成果,针对物流企业进行服务创新所需要的自身的动态能力和来源于合作伙伴的信任度、知识共享、资源异质性三个方面,构建现代物流企业服务创新的绩效评价理论模型。通过分析企业服务创新活动的影响要素,提出服务创新绩效评价的合理的指标体系,进而通过有针对性地对所选取的物流公司样本进行实证分析,对该理论模型的科学性和有效性进行检验,为现代物流企业提高服务创新绩效的实践提供了有益的启示。

物流企业需要更加注重自身创新水平的提高,加大对自主创新的投入,激发创新活力,增强创新动力,大力推进原始创新、集成创新和引进消化吸收再创新。着力突破制约经济社会发展的关键技术,支持基础研究、前沿技术研究、社会公益性技术研究,引导和支持创新要素向物流企业集聚。在关键领域和若干科技发展前沿掌握一批核心技术和拥有一批自主知识产权,加快建设以物流企业为主体、市场为导向、产学研相结合的服务创新体系,努力提高我国物流企业的国际竞争力。

积极主动地与创新能力较高的合作伙伴合作,通过合理利用优化配置物流企业内、外部可以推动服务创新的异质性资源,最大限度地提升自身服务创新的水平。物流企业通过与外部合作伙伴构建长期的合作关系,实现创新资源共享,努力提高自身企业服务创新,为客户提供良好服务。

物流企业也要提高风险防范,防止在与创新水平较低的企业合作时对自身服务创新水平发展带来抑制和不利影响。物流企业要时刻关注国家物流产业政策、发展规划和投资需求等方面的信息,对各项政策的研究,既有助于企业制定正确的发展战略,又有利于其根据政策变动及时调整经营战略,有效预防物流风险。同时,物流企业要加快制定防范风险的相关政策,在规模经营、网络发展中要对新型物流风险发生做好充分地准备，增强物流安全与弹性。物流企业还要逐步加强监管能力和专业人才队伍建设，为自身发展创造有利的条件，进一步扎实物流企业与合作伙伴持续健康发展的基础。

2.系统动力学研究物流企业服务创新的优势和局限性

（1）系统动力学研究物流企业服务创新的优势

近年来，随着我国经济特别是对外开放的发展，我国的物流业得到了较大发展，成为国民经济的支柱产业。在物流业蓬勃发展的同时，国内出现了一大批系统动力学和物流相结合、系统动力学和服务创新方面的研究。应用系统动力学对物流服务创新研究，以定性与定量相结合的研究方法为基础，模拟系统的功能，具有显著的优越性。

通过分析企业之间协同发展的创新机制，可以进一步明确物流企业内部以及企业与企业之间创新的影响因素和作用机制。系统动力学综合其各种因素，从系统的角度进行研究，更直观地表达了内外部因素对物流企业服务创新的影响，更加有条理性地解释了相互之间的关系。

引入了系统动力学这一定量分析工具来对物流企业服务创新的实现过程进行研究。笔者所建立的系统动力学模型打破了传统仅考虑影响企业持续技术创新的各种因素的定性思维模式，引入了系统的思考模式。它不仅考虑因果之间如何影响，还用定量的方法考察因果的相互作用如何影响系统的行为模式。

系统动力学分析了物流企业服务创新的内外部影响因素。通过研究发现，前人主要从驱动力和资源能力的两个角度来研究服务创新的影响因素，更鲜有在物流企业中的具体应用。基于系统动力学的视角，笔者提出了内部因素和外部因素，分析了企业内外部因素及其相互作用影响企业绩效。

（2）系统动力学研究物流企业服务创新的局限性

在这个知识经济迅速发展的时期，虽然针对物流业和企业服务创新运用系统动力学模型做了很多的研究。但是，与欧美的物流服务创新方面研究相比，我国物流企业服务创新意识还比较淡薄，并没有形成完整的物流服务创新研究体系。在应用系统动力学进行物流企业服务创新研究分析的时候,还存在一定的局限性。

由于系统动力学发展的历史较短,其理论和方法体系依然需要不断完善。例如,与统计学模型相比较,系统动力学模型的有效性检验较难。同时,系统动力学在灵敏度分析方面,不存在严密的理论和程序,这也是该研究方法的主要薄弱环节。因此,加强系统动力学基础理论与方法的研究,不断完善系统动力学理论与方法体系,并把它同其他研究方法有机结合起来,形成更为有效的区域创新系统研究方法体系,是今后区域创新系统研究的重点与发展方向。

在运用系统动力学对物流企业服务创新进行研究的时候,取值基本是人为的,因此,系统动力学模型的建立对人的要求比较高,也比较复杂。希望将来的计算机技术能达到以下功能:自动确定变量空间,自动进行灵敏度分析,自动进行极端条件测试,自动交互的变量估计、校准与政策寻优,自动识别主导回路与反馈结构等。

对我国学者而言,在对物流业或者服务创新进行研究时,尚未发现对所建立系统动力学模型的跟踪研究,也就是说,这些模型都是一次性使用。特别需要指出的是,从现有国内的研究成果来看,目前缺乏适用于我国物流企业服务创新问题系统动力学建模的共性结构(Generic Structure)的基础性研究工作,而这方面的研究工作对有效构建完整的物流服务创新研究体系具有重要的意义。

第二节　互联网金融企业服务创新

一、互联网金融服务创新内涵和创新过程

(一)基于服务主导逻辑思想的互联网金融服务创新内涵

来源于新古典经济学的产品主导逻辑,又被称为“制造逻辑”。它认为价值创造是企业经营的最终目标。企业生产价值的过程用“价值

链”来表示，描述一项产品从概念设计、概念加工、概念开发直到消费者使用最终产品的整个过程。这一过程的完成也意味着企业的产品价值增值活动的完成。在产品主导逻辑下，产品处于价值链的中心位置，而服务被认为是附加产出；企业是价值创造的缔造者，顾客是纯粹的价值消耗者。产品主导逻辑强调企业内部的有形资源、产出与效益，遵循着新古典经济传统的思想，认为价值是增值的，企业最终的产品或服务是价值创造的载体，而价值创造并实现市场交换是企业最关心的核心内容。生产过程与消费者消费是完全分离的过程，两者之间只有在市场交易中才实现互动沟通。

随着信息技术的快速发展，当今服务行业的界限越来越模糊，企业提供的不仅仅是单纯的产品或服务，而是两者的混合，即“解决方案”。在这种情况下，企业面临着价值由谁创造、价值为谁创造、价值怎么创造等问题。在这种情况下，国外学者在整合核心能力理论和资源优势理论的基础上，提出了服务主导逻辑（Service Dominant Logic），建议不要将商品和服务统一起来，从而取代产品主导逻辑（Goods Dominant Logic）。随后，相关的科学研究不断完善了服务主导逻辑理论，并最终形成了10个命题假设。相比产品主导逻辑理论，服务主导逻辑理论更加强调知识和技能在企业价值创造活动中的重要地位。通过对服务主导逻辑理论的分析，可以发现。

1.服务经济是核心

服务是一切经济交换的根本，产品是提供服务的手段。企业提供给顾客的是服务流程，特别是在当前网络经济时代，产品与服务的关系更是难以辨别，无须再去争论产品和服务的区别，可将二者统一起来。

2.重视知识整合

服务主导逻辑认为，企业在创造价值的过程中，需要整合自身和其他服务参与者的资源与能力。资源分为操纵性资源（知识和技能）和被操纵性资源（商品、自然资源和货币等）。知识包括企业知识、顾客知识、供应商知识等，是互联网金融企业获得价值的关键资源，而知识整合就成为企业获得竞争优势的根本性源泉。以互联网、移动互联网为代表的信息技术使得企业传统的边界逐渐消失，企业仅靠自身的资源难以完成知识的创造，而必须不断地和顾客以及其他合作伙伴进行互动，形成知识整合网络，进而识别、获取和整合外部的异质性知识，共同创造出满足顾客需求的解决方案。

3.重视关系

服务主导逻辑思想的理论认为，当前的服务焦点已经从单纯的交易关系转变成客户关系。此外，服务主导逻辑思想倡导的是服务企业应该与多方参与者合作，共同创造价值。合作就势必会产生各种关系，如客户关系，如何管理这些关系，特别随着全球性社交的兴起，关系的价值应该得到高度重视。

在新经济背景下，越来越多的企业使用“服务主导逻辑思想”指导实践并实现成功转型。如苹果公司实现iPod和iTunes的整合，开创了新的商业模式（硬件、软件和服务整合），成功实现了从产品主导逻辑到服务主导逻辑的转变。服务主导逻辑思想，目前正处于理论形成和完善的阶段，为知识管理和服务创新等领域的学术研究提供了全新的理论框架，但是该理论对如何通过获得、组合和利用知识和技能等资源获得价值没有做深入地研究，需要结合其他理论和视角进行进一步的整合探讨。

国内外学者已经将服务主导逻辑思想引入服务创新的研究中。戴勇结合PBC模式创新的特点，提出了基于服务主导逻辑的PBC模式价值创新机理。肖怀云探讨了基于服务主导逻辑的物流企业服务创新的过程，提出了物流企业的内部治理是创新的重要基础，资本承诺是创新活动的基础，资源整合是服务创新的关键。互联网金融服务创新是服务创新领域中的新兴研究主题，现有的文献关于其内涵的研究比较少。互联网金融的实质是金融，其本身就是一种服务。随着云计算、搜索引擎、新媒体、社交网络等为基础的信息技术的发展，互联网金融企业的市场竞争日益加剧，创新的理念已经从产品为中心转向了以顾客为中心，互联网金融服务企业难以靠自身的资源（知识）满足顾客个性化的创新需求，必须与顾客、供应商、合作伙伴、竞争对手等外部力量进行互动合作，获得异质性的资源(知识)，以满足顾客的个性化需求，实现互联网金融服务创新，从而创造更多的价值(知识价值)。因此，运用服务主导逻辑理论诠释互联网金融服务创新的内涵，不失为一个有效的思路。

综上，笔者依据熊彼特的创新理论和服务创新的相关文献，基于服务主导逻辑思想的视角，结合具体实践，通过理论演绎，提出互联网金融服务创新是运用互联网、移动互联网等新兴信息技术，整合企业内部和外部的创新资源，产生颠覆式的新商业模式、新服务方法或者新服务方式，满足顾客的个性化需求，实现企业价值提升的解决方案。

(二)互联网金融服务创新特征

与其他行业的服务创新相比，互联网金融服务创新具有以下的特征。

1.以颠覆式创新为主

互联网金融服务业的服务创新是在开放、合作、平等的前提下，利用互联网、移动互联网技术创造出前所未有的商业模式，属于技术推动创新。随着大数据、互联网、移动互联网等信息技术的快速发展，金融信息几乎全部成为数字化的信息，为大数据的金融应用创新创造了条件。此外，各种互联网技术的融合，催生出各种互联网金融形态，实现颠覆式的创新。如在传统金融机构认为风险较高的P2P和第三方支付等领域，互联网金融已经进行了很多成功的尝试。

2.以顾客体验为中心

在互联网金融模式下，来自顾客的个性化、细分化、非标准化的金融需求成为金融创新的目标。互联网改变了信息和人的交互关系，让人成为信息的主导者和传播者。在这种背景下，互联网金融服务创新不再是以产品为中心，而是以顾客为中心。互联网金融平台可以通过获取顾客的消费习惯、风险偏好、信用情况、支付能力等数据来开发个性化的金融产品和服务，因此，顾客获取金融服务的渠道大大增加，对金融服务有了更多的自由选择权，很容易在短时间内获得需求上的满足。但互联网金融服务企业随时可能会失去有价值的核心顾客，必须要注重顾客体验，细致了解顾客需求。

3.资源整合是创新的关键

在当前的知识经济和网络经济时代，顾客获取金融服务的渠道增加了，顾客的需求呈现个性化和碎片化的特点，互联网金融企业无法拥有创新所需要的全部资源，必须联合其他外部企业进行优势互补，共享知识和技能等资源，快速响应动态和不确定性的市场环境。此外，在开放式创新环境下，互联网金融服务创新不仅是指平台、服务模式、盈利模式等企业内部的创新，更是指企业与外部组织之间的合作创新，不断提高金融资源的配置效率，满足多元化的金融需求，更好地服务“三农”和小微企业。传统金融企业（银行、基金公司、券商、信托等）、电商企业（阿里巴巴、京东等）和第三方金融公司，要进行资源的跨界整合。建行的善融商务、蚂蚁金服的余额宝、微信银行、资产证券化理财产品、银保消费金融产品和话费宝等产品，均是跨界合作创新的成果。

4.以实现知识价值为重要目标

服务主导逻辑理论提倡将服务创新的不同主体，即将人、企业和技术有机地整合在一起，构建一个共生的价值生态体统。知识基础理论认为，知识作为互联网金融服务创新的关键要素，是非常重要的环节，服务创新的过程是知识发挥重要价值的过程。结合知识基础理论和服务主导逻辑理论可以发现，在互联网金融服务创新的过程中，从创新概念的产生、创新的研发到创新的实现，企业需要和顾客等其他创新主体之间不断进行互动沟通，以获取有价值的知识，最终将有价值的知识用于服务创新过程中，加快创新的周期，提升服务创新能力。

5.社会关系集聚

互联网使得人与人、人与信息联系起来，从而使企业、顾客和其他创新主体的社会资本集聚。如社群、微信、微博、QQ等互联网平台都是社会资本集聚的平台，这种社会资本拥有着更多的价值，影响着服务创新。相对于传统金融而言，互联网金融植根于特定的、多元化、差异化的社会群体，互联网金融服务创新是在一定的社会背景下完成的。尽管创新的主体是企业，但归根结底是由人来完成的，互联网金融服务创新的理念和方式会和人的关系模式密切相关，比如高层管理者团队的社会关系，这使得互联网金融服务创新行为不再是一种单纯地满足需求的被动模式，而是一种主动的关系模式。特别是互联网金融服务业面临着创新资源稀缺和新时代的个性化需求，企业会更加强调与外部组织进行紧密互动。

6.高风险

首先，由于互联网金融服务行业还处于起步阶段，对互联网等信息技术的驾驭还不够成熟，而互联网金融的准入门槛和违约成本比较低，很多非传统金融服务企业很容易进入该领域，在金融服务风险控制方面的经验和能力不足，一旦出现网络金融犯罪，将会对顾客的个人信息乃至整个中国经济造成很大的威胁。其次，很多互联网金融企业没有严格的征信和风控体系，尤其是很多消费金融公司过去盲目扩张，用户的信用体系并没有建立起来，导致坏账逐步积累，为企业发展埋下隐患，存在信用风险。最后，互联网金融属于新兴领域，它的出现模糊了保险、证券等行业的界限，成为监管体系的一大难题。我国的互联网金融监管体系还不完善，这也制约了互联网金融的健康发展。

事实上，很多有好想法和经营模式的小金融服务企业一夜成名，并瞬间做大，而固守经营模式不愿意改变的企业随时面临被淘汰的命运，在这样的时代背景下，互联网金融服务企业面临着许多威胁与挑战，必须通过服务创新实现金融服务的差异化，才能在这场互联网金融大变革中处于不败之地，唯有不断进行创新，也才能为企业提供发展动力。"物竞天择，适者生存"是生物不断进化的自然法则，对于互联网金融企业来说，服务创新就是企业生存的市场法则。互联网金融服务创新的目的就是为实体经济服务，不论是传统金融机构还是非金融机构，它们的后续发展都离不开创新。

（三）互联网金融服务创新网络

罗思韦尔（Rothwell）认为，成功的创新不但涉及企业内部之间的相互作用，也涉及企业与外部创新主体之间的相互作用。互联网金融服务创新仅仅靠企业单独运作无法完成，必须以开放的心态，和顾客、竞争对手政府、实体企业、高校科研机构、供应商和合作伙伴等外部主体通过互动，获取外部的新思想和新想法等，形成一个开放的互联网金融服务创新网络，以实现合作创新。合作创新是一个跨界整合资源的过程，以合作各方的彼此信任为基础。

1.顾客

顾客是企业进行互联网金融服务创新的重要参与者。互联网金融企业和顾客之间通过基于微博、微信和社交媒介的互联网平台开展交流和互动，可以提高顾客参与企业新产品开发的积极性，充分获得顾客的异质性知识，增加自身的知识存量，进而和顾客共同提出服务解决方案，提升顾客体验，实现顾客价值。顾客的异质性知识通常是隐性的，与顾客的社会背景很难分开，因此，企业和顾客应该不断地进行沟通。此外，顾客作为一个相互联系的群体，通过顾客相互间的影响赢得顾客的信任，促进企业和顾客之间的交流和关系的稳定，能降低交易成本和机会主义行为风险，从而提高合作创新和新产品开发绩效。

2.政府

企业与政府进行互动沟通，就容易获得政府的政策信息，及时调整创新方向，降低创新风险。同时，政府作为互联网金融企业和其他创新主体之间的桥梁，可以积极扩散和传递创新知识等资源，加快企业的服务创新周期。

3.其他创新主体

企业的知识异质性是竞争优势的根本源泉。供应商、竞争对手、合作伙伴等创新主体都具备丰富而有价值的知识，是企业开展互联网金融服务创新的关键源泉。互联网金融企业需要通过各种途径和这些企业进行互动，以获得创新所需要的知识，促进服务创新的实现。

(四)互联网金融服务创新过程

魏江在前人研究的基础上,将金融服务创新过程分为:服务创新概念阶段、服务创新发展阶段和服务创新引入阶段。概念阶段包括新服务概念的形成与开发。服务创新发展阶段包括服务创新运作模式和商业分析过程。服务创新引入阶段包括创新产品或者服务进入市场和市场互动反馈的过程。普拉哈拉德(Prahalad)等指出在服务创新的概念产生、概念设计、概念开发和概念销售等阶段,价值是不断地形成和发展的。

笔者结合上述学者的研究和分析,遵从服务创新理论,提出互联网金融服务创新过程包括:互联网金融新概念的产生、互联网金融新概念的开发和互联网金融新概念的实现。

在互联网金融新概念产生阶段,企业需要与顾客和其他创新参与者不断互动沟通。其中,顾客是最重要的创新概念源泉,可以通过互联网平台收集顾客碎片化的、实时化的信息,运用大数据等技术分析信息,进而把握顾客需求,识别有价值的知识,产生服务创新概念,实现知识价值的产生。

在互联网金融新概念开发阶段,企业需要设计服务创新的实现方式,评估服务创新的风险和不确定性,充分获取企业外部的团队和组织等不同行为创新主体的异质性知识,并在企业内部进行知识的整合,并转化为促进服务创新的有价值的知识,促进互联网金融服务创新的开发,实现知识价值的转化。

在互联网金融新概念实现阶段,将开发后的互联网金融新服务推广到市场中,并不断地与顾客进行沟通,通过反馈、评估服务创新的效果,改进和优化服务创新的过程,更好地满足顾客的需求,实现知识价值的增值。

知识是互联网金融服务创新投入的最关键资源。互联网金融服务创新的过程是知识价值的识别、转化和实现的过程,这就需要企业在服务创新过程中对有价值的、异质性的知识进行管理,成功实施知识价值的传递，快速实现互联网金融服务创新。[①]

二、互联网金融企业服务创新能力的提升对策

（一）构建高管团队社会资本的培育机制

互联网金融服务创新能力是一个能力束，不同的能力要素决定了服务创新能力的差异，企业需要从互联网金融思维能力、服务创新实施能力和服务创新营销能力三个方面积累和提升自身的服务创新能力。更重要的是，这三方面能力的积累不能分割开来，而是需要相互作用，共同积累，成为一个有机的整体。

1.构建以高管团队为核心的服务创新网络

在互联网金融服务创新过程中，高管团队的社会资本作为企业的“软信息”，是实现提升互联网金融服务创新能力不可或缺的无形资源。鉴于互联网服务创新是一种无形的过程，其创新网络中包含大量异质性成员，成员间的联系呈现出碎片化、虚拟化、短暂化特点，服务创新网络的特点更加明显。实际上，对于处在市场竞争格局和正式制度体系形成过程中的互联网金融企业而言，基于互联网平台的有力“连接”，围绕支付、融资、理财等，企业应该鼓励高管团队积极开展与顾客、政府部门、竞争对手、传统金融机构以及高校科研机构等创新主体的合作，构建以高管团队为中心的互联网金融服务创新网络。

（1）重视高管团队和顾客之间的互动

索内（Sawhney）等提出了知识经济时代顾客作为知识共创者的重要角色，与顾客共创知识既有利于企业新产品的开发，又对顾客满意度和顾客忠诚度有积极作用。企业与顾客建立有效的沟通环境，识别顾客的个性化需求，从而提供个性化的顾客解决方案，是互联网金融服务创新的关键。企业与顾客之间的任何信息不对称和交流不顺畅都会影响顾客的满意度和信任度，从而阻碍互联网金融服务创新的实现。如何将顾客模糊的金融需求转化为可识别的金融术语，并在企业内部获得概念上的一致，需要企业和顾客之间多次的“买”和“卖”，让

①阙方平，曾繁华，杨馥华．互联网金融创新与政策研究[M]．北京：知识产权出版社，2017.

顾客参与到创新过程中，不断地提高企业的市场反应的能力，进而提高互联网金融服务创新能力。

一方面，企业能够通过运用互联网、微信、微博等社交媒体平台与顾客不断进行虚拟空间上的互动和沟通，赢得顾客的信任，挖掘顾客潜在的金融服务需求，洞悉客户的金融消费行为，促进客户的隐性知识转移，降低企业创新的成本和提高企业应对市场不断变化的能力，从而提升互联网金融服务创新能力。另一方面，企业能够通过和顾客在现实空间上进行互动与沟通，比如可以通过广告、会员注册、各种宣传和组织顾客体验等实现顾客的创新参与度，并根据顾客的反馈和建议，完善创新服务，从而满足顾客的需求，以减少各种不确定性，发布最有市场价值的互联网金融解决方案，降低服务创新的风险，提升互联网金融服务创新的能力。

（2）重视高管团队和政府的积极合作

企业应该鼓励高管团队积极地参政议政，实现与政府等部门的积极联系与合作，一方面，可以获得制定相关创新政策的话语权，为政府出台有利于互联网金融服务创新实践的政策建言献策；另一方面，能够及早获悉行业发展规划、企业扶持或补贴政策、最新监管动向等信息，及时调整互联网金融服务创新方向，避免“闭门造车”，从而降低互联网金融服务创新的成本和风险，提升互联网金融服务创新能力。

（3）重视高管团队和高等院校、科研机构等创新主体的积极合作

企业高管团队要积极地与高等院校等其他创新主体开展合作，通过合作，了解科研机构、高等院校等在互联网金融行业和相关行业领域的新技术及新产品的发展。高管团队可以创新为目的，围绕创新的主要议题、项目，创建企业论坛，建立网上社区，开展知识交流与合作以及创新头脑风暴，通过自身的社会关系网络广泛吸纳高等院校、科研机构等创新主体的创新观点，促进互联网金融思维能力的提升，从而提升互联网金融服务创新能力。

2. 构建“合作共赢”的互联网金融服务创新平台

互联网技术的迅速发展使得金融服务创新已经突破了现有的产

业结构、市场结构、客户结构等，成为一个多主体共同参与的服务创新过程。互联网金融企业应该构建合作共赢，容许试错，勇于打破常规，开放、信任、公平、协同、利益传递的创新文化来促进创新要素最优功能的实现。通过制定规章制度、培训或者非正式制度（新媒体等）的方式，积极宣传创新文化，将创新文化潜移默化地转化为企业员工共同遵守的互惠互利规范，推动互联网金融服务的可持续创新。虽然高管团队社会资本成为企业内部和外部有效沟通的桥梁，但是社会资本具有动态性，需要不断地进行优化，企业可以尝试建立有利于沟通的互联网金融服务创新平台，集中企业内部成员之间、企业内部和外部之间的各种沟通方式，如微信、QQ、邮件、移动电话等，进一步加强思想和情感方面的交流，确保围绕创新的各种沟通过程得以顺利完成，保障知识的有效转移，缩短知识沟通和转移的过程，有利于创新资源的有效配置，有利于提高企业的快速反应能力。同时，通过分析互联网金融服务创新平台中形成的各种数据，企业可以进一步分析创新主体之间的社会关系，一方面，可以识别对创新不利的“小圈子”的产生，有利于降低创新的风险；另一方面，也可以识别对创新成功起着关键作用的人物，解决“关键人物”的绩效考核问题，有利于引导企业员工积极参与到服务创新的过程中，是互联金融服务创新过程中不可缺少的一个重要环节。

（二）构建企业的知识转移推动机制

1.重视以互联网为代表的信息技术运用

移动互联网、云服务等现代信息技术极大地推动了互联网金融服务创新的发展，也是互联网金融可持续创新的生命线。互联网金融产品设计、业务操作及内部管理等环节都离不开互联网技术的支撑，企业应重视以互联网为代表的信息技术的运用。第一，提高大数据的处理与应用水平。随着互联网金融交易信息数据量的爆炸式增长，企业需要提高数据处理的及时性、准确性和安全性，以期洞察服务创新的方向和路径。第二，依托信息技术，企业能够提高互联网金融风险控制能力。运用互联网信息技术，企业能够提高风险防控、风险预测和信用验证等技术，从而优化创新风险控制体系，为互联网金融服务创新的实现提供技术保障。

2.重视企业的学习

碎片化的信息时代，企业获得的信息呈现碎片化的特征，企业的学习方式也呈现碎片化的特征，因此，企业应该为员工提供正式学习和碎片化式学习两种渠道，增强员工之间、部门之间的交流，促进隐性知识的转移。互联网金融服务创新涉及的创新主体经验、服务创新能力、服务创新知识、协作能力等资源，大多属于缄默型的无形资源，在此背景下，企业鼓励员工参加行业会议、分享会、教育机构的培训等进行正式学习，特别是鼓励员工利用手机、社交媒体、在线社区方式进行非正式的学习，有利于企业识别创新机会。通过进一步的知识开发，形成新知识，从而将高管团队社会资本真正转化为有价值的资源，促进互联网金融服务创新能力的提升。

3.发挥服务创新部门的知识传递功能

信息技术和网络技术为知识的转移和管理提供了技术上的支撑和保障，形成了知识交流与共享的创新平台，提高知识协同的开发性和有效性，缩短知识沟通与转移的过程。在这个过程中就需要充分发挥创新研发部门的知识传递功能。为了获取更多关键性和创新性的信息与知识，互联网金融企业不仅需要注重与顾客的沟通与交流，还需重视与不同创新主体之间的互动与沟通，并在此基础上促进异质知识的充分共享，而创新研发部门在这个过程中，可以有效地实现知识的传递，促进企业知识管理活动的有效展开。服务创新部门通过各种方式搜索与收集创新主体的信息，并进行整理、编码、开发，最后将实时处理的结果反馈给高层管理者。如今的企业大多设立创新研发委员会、创新研发管理部门等，他们依靠自己的专业知识和经验，经常可以与顾客直接接触，通过实际调研，在和顾客的交流和沟通中，获得顾客的创新知识，并迅速转化为互联网金融新服务或者新产品。

第三节 制造业企业服务创新

一、制造业企业服务创新的驱动力

(一)制造业企业服务创新的概念

1.基本概念的提出

现代制造业和发达国家服务创新的研究表明,工业服务业是生产性服务业、现代服务业、知识密集型服务业的高端、高技术、高附加值的核心组成部分,是发达国家和地区继续保持领先的主导产业。有必要指出,制造业的服务创新(如IBM、柯达等)通常可以直接促进客户企业的人力资源管理、生产运作管理、顾客界面管理和技术创新管理水平地提高。也就是说,制造企业的服务创新比其他产业具有更高的创新效益。随着制造业转型和升级换代、服务外包的发展、工业经济向服务经济的转型,中国的制造企业服务创新也开始日益显现,然而由于起步较晚以及自身的条件所限,目前学术界对于制造企业服务创新的研究还没有形成完善的体系,尤其是对其相关概念的界定还非常模糊。

1995年,由欧盟社会经济研究委员会资助的题为"欧洲服务业创新系统的研究"项目(Service in Innovation, Innovation in Service, SI4S),对服务创新进行了较系统的研究。该研究表明熊彼特的创新概念同样可以运用于服务业创新,并认为创新=新的创意+市场价值。菲茨西蒙(Fitzsimon)指出服务创新既有狭义的也有广义的含义。从狭义而言,服务创新是指企业组织为了实现更大的企业价值和商业利益,向企业的目标顾客所提供的更高效、更准确、更周到、更满意的服务包。显然,这种企业的服务包,需要企业各种有形的支持性设备、显性和隐性无形的服务内容共同组合而成。从广义而言,服务创新是指各类组织(超出服务型组织的限定)为顾客提供有形的产品和无形服务的混合体,以此来实现企业在更大范围内的价值,包括增强用户的满意度以及企业顾客的忠诚度。换言之，狭义上的服务创新主要是指服务创新实践发生在服务业中，而广义上的服务创新可以定义为发生服务创新的一切行业，既可以是服务业也可以是制造业，甚至还可以是农业。目前，该定义被大多数学者所认同。

2. 服务创新辨析

（1）服务创新的语意解释

制造企业服务创新本身是有多种含义的，因而现有文献在一定程度和范围上存在乱用、混用制造企业服务创新这一概念的现象。笔者认为，我们有必要从语义上对制造企业服务创新这一概念进行深入解释。作为一个标准的学术语，“制造企业服务创新”的内涵十分丰富，既可以被认为是专有名词或动名词，更可以是企业的战略名称。

作为一个专有名词，“制造企业服务创新”是指制造业中的服务实践和具体的服务创新活动。这一个语义涵盖了制造业企业是如何通过各种资源整合和综合运用而展开实施服务项目的。比如企业由过去纯粹的无形产品生产转变为相关企业或用户提供问题解决的方案等相关服务。比如企业为用户提供新的个性化的产品和个性化的服务。

作为一个动名词，“制造企业服务创新”是指企业为了实现服务创新的目标而采取的服务创新实践活动和变革，这是一个基本的行为，是制造业企业顺应客户的服务需求所产生的一系列服务创新活动的集合。例如，在采掘业中，企业需要经历由矿石采集、矿石挖掘、产品营销的系统设计等诸多环节。

作为一种战略组织模式，“制造企业服务创新”是制造企业为了适应现实环境的需要，通过在服务提供方面的创新和变革，并且久而久之形成一种企业的战略目标。作为一种企业战略目标，制造业企业的服务创新实践和行为，不仅仅停留在微观的企业层面，还涵盖了围绕制造企业所提供服务过程的一连串有序的企业价值活动，具体包括企业的长期和短期计划、评估和反馈等活动。

（2）服务创新的内涵与外延

制造企业服务创新并非简单的“制造企业与服务创新的简单融

合”就可以涵盖。我们可从三个方面来具体阐述其概念的内涵与外延（即表现形式、组织形态和创新特征三个层次）。

第一，从表现形式来看，制造企业的服务创新包括制造企业面向中间产品零售商、租赁商的服务创新（如产品的研发外包以及售后的服务外包），面向最终顾客市场的服务革新（如满足用户个性化需求的商品定制）。

第二，从企业组织形态来分析，制造企业的服务化表现出了制造企业和服务型企业的职能边界变得模糊，两种类型企业的交互式发展的趋势。比如，制造企业出现服务化趋势（例如IBM的服务化发展战略）以及服务型企业的有形性产品生产的创新模式（如沃尔玛对供应链上下游企业的施压和控制）。

第三，从服务创新特点来看，制造企业的服务创新具有整合功能、增值功能和创新功能。整合功能属性主要是由于企业间的相互关系，包括制造企业业务相关的有些企业向制造企业其他相关的业务活动的转移。正是由于企业内部存在资源的共享网络和优势使得企业的联系更加密切，从而使得制造企业和转移的服务创新企业能够在动态中实现资源的有效互补，并在网络中实现动态平衡。制造企业之所以要关注顾客的需求，并借此推动服务创新活动，主要是因为企业能够通过获得忠诚的顾客来实现企业价值。

（二）制造业企业服务创新的驱动力类型分析

1. 内外部驱动力分析

企业服务创新的内部驱动力因素是指推动企业进行服务创新这一活动的。战略管理因素、组织因素以及企业内部人员因素；企业服务创新的外部驱动力因素主要包括利益行为者和“轨道”两方面。

（1）内部驱动力

内部驱动力可以从企业需求和内部组织（包括人的因素）两个方面来分析。随着现代电子通信技术和计算机的推广和运用，企业产品的同质化程度越来越高，产品很容易被价值链上的相关企业复制，这也就造成了原来的服务创新企业的生产和创新成本居高不下，从而使得产品的生命周期开始变得越来越短。在这种背景下,服务创新企业如何通过差异化的战略竞争来保持自己的服务创新优势,如何在更大范围内实现企业的服务创新战略成为备受企业关注的问题。当前各企业秉承着“顾客是上帝”的理念,高度关注用户需求的变化,追求产品基本功能之外的用途,更加注重顾客的个性化需求,并将顾客的个性化需求融合到产品的基本功能之中,这也就使得整个市场的运行规则和运行模式发生了某种微妙的改变。当然,对顾客而言,由于企业的服务创新有利于满足他们自身的个性化需求,也更愿意为之付出更高的价格。

反之,如果一个企业不能满足消费者的个性化需求,即使产品的价格再低,消费者也不一定愿意购买。因此,对于企业来说,能否生产出满足消费者个性需求的产品,是企业能否获得利润的关键。在经济全球化和区域经济一体化的背景下,制造企业向服务下游价值链的延伸,已经成为竞争的重要手段。对于制造企业而言,如果能够在实现产品正常功能的基础上,增加提供比竞争对手更多的产品服务属性,那么企业提供的产品将更能受到顾客的青睐,企业在市场上也就更加具有竞争力,从而更容易实现企业的价值。因此,从企业内部来说,制造企业的现实客观需求是其进行服务创新的重要驱动因素。除了企业的需求,企业内部职能部门也是服务创新的重要原动力。企业创新过程中的职能部门包含企业的战略、管理和R&D部门以及员工等。对于具有一种服务创新意识的企业,在企业的战略部署中通常会将企业的服务创新目标纳入企业的正式战略规划中来,这样的企业一般都具有较强的竞争优势。

(2)外部驱动力

服务创新的外部驱动力可以从隐性知识和行动者两个维度来分析。

隐性知识是指社会系统中传播的概念和体系,这些概念和体系通常都比较难进行识别,在实践运行空间中很难进行编码和解码的传播。服务创新隐性知识维度主要探讨的是与企业的服务创新相关的概念体系和基本常识经验，是关于企业进行服务创新的过程中“该做什么以及怎么做”的问题，并非通过哪些行为者来支持和驱动服务创新实践。服务创新隐性知识驱动力主要可以从以下几个方面展开探讨。

第一，服务的专业化知识，是指企业在不同的专业化服务项目（如法律服务、咨询服务）中所需要的方法、经验知识以及服务创新的常识。制造企业在展开服务创新时，需要专门的服务专业化知识，通过这个轨道，企业能够在更长远的时空范围内和更大的价值空间内实现价值增值。

第二，管理知识和经验。服务创新的管理经验主要指服务创新的管理思想。如针对企业服务创新的激励、服务专业化的管理等。服务创新的专业化和管理知识，密不可分，相互影响，共同推进企业进行服务创新。

第三，技术知识。此处的技术与传统经济学中的技术创新非常类似。在技术创新的驱动下，比如说企业引进一项新的技术，通常来说都会影响产品的生产和服务项目的开发。

第四，制度。服务创新的制度主要是指服务创新企业的制度因素，包括与企业相关的政策规定、行政规制等。服务的专业化知识、管理知识、技术知识和制度，在企业进行服务创新的过程中，联系紧密，相互影响，共同推进企业服务创新的发展。

企业服务创新的行动者，主要指那些与服务创新相关的利益行动者，这些行动者能够在很大程度上对企业的管理人员、企业运作模式以及组织结构产生影响。我们认为服务创新企业存在四类驱动力的行动者：企业、供应商、顾客和企业竞争对手。在这四类行动者中，企业顾客是重要的行动者，它既影响企业新思想的产生，也影响企业服务创新的实践和绩效。从某种意义上讲，在一个服务项目的提供者与用户之间存在一系列价值活动，这个价值活动也被视为是顾客与企业相互合作创新的过程。通常而言，企业的竞争对手也是一个值得重视的驱动力。为了完成服务创新，企业可以向竞争对手学习，并适时观察竞争对手的动向,从而为企业服务创新提供新的思路。此外,供应商也是企业服务创新思想的重要来源,尤其是知识密集型服务供应商。

事实上,在企业服务创新的过程中,内部动力和外部动力之间具有相互作用的关系,通常具有交互作用而共同存在。

3. 三界面驱动力分析

韦铁构建了多主体参与的服务创新模型,认为企业的服务创新主要由“企业—供应商—顾客”的“新服务三角形”构成。但是这种研究过于简单,因为现实中的企业所面临的情况非常复杂。在“三界面驱动”的基础上,引入行动者网络理论视角。依据该理论,我们将制造企业服务创新驱动力分为三类。第一类是企业,包括其内部的员工和管理者。员工既可以是一线员工也可以是其他员工,而管理者包括高层、中层和基层管理者。第二类是供应商,包括企业制造设备的供应商、技术提供者、服务策划的提供商等。第三类是企业的顾客,就是服务的直接受用者。

我们将“企业—顾客—员工”三类行动者以及其内部相互之间的关系的驱动因素,简称为“三界面驱动力”。在这个三界面驱动模型中,形成了三个互动界面,即企业与顾客的互动界面、企业和供应商的接触面以及供应商和顾客的接触面。在这个由三界面组成的服务创新平台上,不同的服务创新参与者同时参与服务的创新设计、实施和反馈等一系列活动,企业也在相互接触的过程中发生错综复杂的关系,通过这些互动界面,将推进企业服务创新的发展。

(1)企业与顾客的互动界面驱动

通过顾客与企业的互动界面,可以推动企业的服务创新。以现今流行的网上B2C自由交易平台为例,企业可以借用网上电子交易网络和平台,为企业用户提供潜在的合作伙伴。在虚拟的网络交易平台上,由电子商务公司所研发和设计出来的电子交易平台主要针对企业客户,是一个服务前台,不同的用户都能够参与到电子商务网站的交易中。用户的具体操作步骤需要经历申请、操作、交易等步骤。由于涉及网上电子交易，所以对于电子商务这个系统来说，交易平台的好坏、网站服务器的大小、信息反馈速度的快慢、用户管理效率的高低等都将直接影响到企业的服务效率和效果。当然，电子交易平台上用户的自身知识储备水平、个人能力的高低等都能够对企业提供的服务产生影响。在网上电子交易的后台，将有处理器的高速运作以及企业和消费者的交流和沟通，因此，企业和消费者的沟通效率是影响服务效率高低的重要因素。

（2）供应商与顾客的互动界面驱动

在这个三界面的服务创新驱动模型中，供应商与顾客同时参与企业的服务创新活动，此时此刻，供应商将与顾客的频繁互动中形成一个驱动界面，这个驱动界面也将推动企业的服务创新发展。在该驱动界面上，一方面，供应商需要尽最大的可能来获取顾客的信息，尤其是其需求变化的信息，从而为提高企业服务水平作准备；而另一方面，顾客本来就一直保持与企业供应商的良好关系，同时顾客也会主动地将其个性化的需求和偏好反馈给企业，这样供应商就能迅速抓住顾客的需求，从而有利于企业顺利实现服务创新实践。以网上B2C交易平台为例，网站一方面为顾客提供了交易的平台，另一方面也为服务供应商提供其与顾客的接触机会；同时，广告商、商业银行、软件制作商以及物流商等，在网站提供的网络平台上为顾客提供所需要的广告和信贷服务。供应商和顾客的互动又可以进一步促进企业进行服务创新。

（3）企业与供应商的互动界面驱动

由于服务的无形性、易失性以及难以储存性，造成服务提供不如产品生产那么简单和程序化，这就要求企业上下游供应商也要参与到企业创新活动中来。随着企业的供应商和企业的关系日益密切，企业如何为用户提供更加便捷的服务，如何在服务生产上实现双方共赢的战略目标，都是摆在企业面前的重要问题。因此在供应商和企业的这个互动界面上，形成了企业和供应商共同驱动服务创新的局面。在这个驱动界面上，参与服务创新的企业需要和供应商保持一定的互动，同时还需适应各种不同类型的供应商，适应供应商企业的组织模式、议价能力，并使本企业的技术水平与供应商保持良好的衔接。同时，企业还应该充分考虑自己的技术水平和服务创新能力，适时地进行服务创新变革，并将服务创新的相关信息和问题及时反馈给供应商。在多主体参与的服务创新中，在一个多样化的、内涵丰富的服务包的生成过程中，服务项目中的主服务和次服务创新是一个有机统一的整体。因此，企业和供应商之间的互动界面也是企业进行服务创新的重要驱动因素之一。

基于行动者网络理论的视角，服务创新的三个界面以及它们之间的复杂互动关系会在很大程度上影响企业的服务创新，这也是企业服务创新的一个重要特征。

3. 四系统驱动力分析

在此，我们借鉴整合研究方法，特别是“四维度模型”来分析四系统驱动力。随着产品生产与服务提供这两个项目活动的融合发展，四系统服务创新方法综合运用了“服务—产品连续系统”等方法体系，认为服务创新是由顾客需求、概念化创新、服务传递系统以及技术创新四种力量共同驱动。四系统服务创新方法有利于研究人员对服务业和制造业中的服务创新活动进行整合性的分析，从而为服务创新的驱动力研究提供了一种新思路。

我们将制造业服务创新的驱动力进行类似的分类，主要包括四类：顾客需求驱动力、概念化创新驱动力、服务传递系统驱动力以及技术创新驱动力。

（1）顾客需求驱动力

顾客需求驱动力是服务创新“四系统驱动力”的顾客系统。企业的顾客需求驱动力维度，主要是企业服务创新中的顾客嵌入、顾客个性化需求偏好以及供应商与顾客的相互关系。企业推出新服务项目的最终目的就是为了满足顾客的偏好。从根本上来看，顾客的需求驱动力就是在制造企业推出一项新的服务项目过程中，用户的个性化需求会推动制造业服务创新的变革。需要指出的是，这里的用户不单单是企业的顾客，还应该包括企业内部的员工。举个简单的例子，原来有一个（种）产品的生产工序极其复杂，甚至很烦琐，需要消耗很大的体力，企业员工期待企业能够改进其生产流程；在实践中，确实有一些员工因此改进了生产流程，并在企业内部推广，甚至可能在整个产业推广。一旦企业内部的生产工艺流程得到改进，肯定有利于促进企业员工工作效率的提高，进而在更大范围内实现企业价值增值。

21世纪的顾客人群被很多人视为是等待被服务的人群。不过，不同的顾客，其消费需求的偏好相差甚远，有的消费者愿意在大商场买白色家电，并期望有人能够直接将其送回家，然而网上消费人群却不愿意出门，他们希望通过网络交易平台付完款项之后，有人能够将所购买的家电直接送到家。由于企业顾客的个性化需求在不断变化，企业为了赢得忠诚的消费者，为了赢得顾客对企业品牌的认可，需要适时地把握消费者的消费心态和动机，并通过推出有针对性地服务来占领不同的消费者细分市场。

然而，随着专业化分工的加剧，目前很多制造业的有形产品同质化比较严重（不仅包括产品类型还包括产品的生产方式），这也就造成了产品在生产方面、产品多样化方面的优势越来越不明显。为了拓展企业的竞争优势，实现更大的价值，制造业企业在价值链上唯一能做的就是拓展和延伸价值链条，要么向价值链上游延伸，要么向价值链下游拓展。也就是说，企业可以为消费者提供有形产品和无形产品的服务包（比如卖汽车的厂商提供永久性的维修服务等），以此来满足顾客的多样化的需求，从而更好地实现企业利润，促进企业价值的增值。

（2）概念化驱动力

所谓概念化驱动力，就是指学界关于服务创新的一些新观点、新概念等。这些有关服务创新的新概念体系是研究人员在长期研究和实践中积累下来的理论化成果。这些新的概念对于制造业企业的服务创新具有重要的推动作用，能够促进服务创新向更深层次以及更广范围发展。实业界人士认为，概念化不仅来自研究人员的理论化成果，还可能来自企业家的实践经验的积累和总结。比如，一个企业家为了解决服务创新某一个具体问题而提出一种新的解决方案、新的思路和方法，这种新方法和概念体系可能反过来进一步促进企业服务创新。

随着国家产业政策的调整，服务业和制造业融合发展的步伐正在加快。在这一环境背景下，服务创新的研究方法也开始出现新动向，尤其是以整合研究方法为代表的观点兴起，为制造业服务创新带来了新思路。整合性的研究方法一个重要理论基点就是认为，无论是在制造业中还是在服务业中，服务创新都是企业对其内部各种功能进行重新整合的结果。整合研究方法是一种新型分析范式和新型服务创新的改革思路。

此外，当前很多学者所提出的一些新概念，如"新制造业""服务增强""生产性服务""服务增强型制造业"等，都在很大程度上推动了制造业服务创新理论研究的发展，同时也能够更好地解释现代制造企业为什么要重视服务，为什么服务创新对企业的价值增值具有很强的作用。概念化驱动力可以使企业通过采用服务创新策略（如汽车销售商额外提供金融服务）实现企业差异化竞争战略，提升企业自身竞争力，最终为企业扩大生产、抢占更大市场奠定基础。

（3）服务传递系统驱动力

所谓服务传递系统，就是指在一项新服务的生产过程中，企业密不可分的服务提供和传递系统。企业的服务传递系统驱动力，就是指一项新服务在生产和传递的过程中，依靠这套系统的变革所带来的对企业具体服务创新实践的影响。相对于制造业企业而言，服务传递系统仅仅是企业生产系统的一个子集，制造企业的生产系统还应该包括产品的开发、生产、销售及支付等活动。在这些价值链活动中的任何一个环节都明显存在非常庞杂的也是多样化的服务性需求。制造企业服务传递系统庞大和复杂的主要原因在于制造业生产体系的自组织性和复杂性。在一个企业的服务传递系统中，任何一个环节的改进，都可能会促进整个价值链上制造企业生产效率的提高。

依据成本理论，制造业的生产成本是由两个部分构成的，一是企业制造成本，二是企业的交易成本。企业为了降低交易成本，通常容易将自身不擅长的业务(包括服务项目包)外包给专业化的服务公司来完成。服务外包的方式,能够为企业降低成本,并进一步促进了产业分工,带动产业价值链的延伸。另外,现代企业之间的竞争已经不再是单个企业与企业之间的这种简单的竞争模式,企业间的竞争模式越来越表现为整个产业价值链阵营上不同企业之间的竞争。企业的价值链开始于最初的供应商的价值活动,结束于产品的最终用户。但是价值链延伸模式的发展,却告诉企业需要重视对用户手中产品的服务。在整个服务传递系统中,都为制造企业展开服务创新活动提供了必要的驱动力。[①]

(4)技术创新驱动力

在制造企业中,服务和技术是相辅相成的:新服务开发促进技术创新,技术创新支持和带动新服务开发。与服务业不同,该维度在制造企业的中非常重要,因为制造业许多服务创新都要依靠技术创新。技术选择维度要求企业正确认识技术创新和服务创新的关系,并且通过两者的作用,为顾客服务,为企业发展服务。此外制造企业可以大量借鉴其技术创新领域的研究成果,加大创新力度。

由于服务创新可以在没有技术参与的情况下发生,因此技术并不是服务创新的一个必要维度,它在模型中只是一个可选维度。虽然不是必要维度,但技术仍在很多服务创新中扮演着重要角色,“技术”和“服务创新”也存在广泛的关系,大多数服务都可以通过使用某些技术而变得更为高效。

制造业企业提高核心竞争力的保证。在Bilderbeek的服务创新“四维度模型”中,技术不是必需具备的一个维度,而对于制造业的创新来说,技术创新同样是必不可少的。当某种新技术被使用,不仅会使得制造业产品的生产工艺发生变革,甚至会使企业的生产业务流程进行重新组合,在这种条件下,必然会使产品质和服务水平得到提升。

与服务业四维度模型相似,在制造企业应用技术选择维度必须与三个维度紧密结合,而非以往只专注于对产品(即新服务产品维度)的

①张海军,许晖.制造业企业服务创新[M].北京:中国经济出版社,2018.

改进。四维度模型能为制造企业打开思路，将技术创新应用于更广阔的空间，最大程度地发挥技术的作用。

二、制造业企业服务创新战略选择与实施

（一）制造业企业服务创新战略的特征与模式分析

由于制造业门类繁多，产品具有异质性，加之企业的规模差异性很大，因而各个企业实施服务创新的战略选择也必然有很多不同。如果企业不对服务创新战略的特征及其基本模式进行详细分析，而盲目地实施服务创新，必将给企业带来经营成本增加、销售量减少等风险。因此，有必要首先对制造业服务化战略的特征和模式进行探讨。

1.制造业企业服务创新战略的基本特征

我们认为服务创新战略是指企业在服务创新领域内，为了提升企业竞争力而制定的符合企业自身发展需要的，具有全面性和前沿性的谋划。制造业企业之所以要对服务项目进行创新，主要是因为服务有利于实现企业由单纯依靠生产经营优势向服务经营综合发展优势转变，从而实现企业的超额价值，增强企业自身的竞争能力。就其特征而言，企业服务创新战略具有顾客导向性、知识导向性、价值导向性、复合型以及模块化等特征。

（1）服务创新战略是一种顾客导向的竞争战略

以往的实体产品通常是标准化的，即使有顾客化产品，其定制化程度也不高。而在服务增强的竞争阶段，企业要针对不同顾客的特点和需求提供相应的高附加值服务，因此具有“顾客定制”的特点，无论是服务价值弥补模式还是服务延伸模式，都是如此。相应地，企业竞争战略必然也是一种顾客导向型的战略，这可以看成是差异化竞争战略的典型体现。基于顾客导向型的竞争战略，企业需要做到两点：一是需要提高顾客关系管理能力，保持长期、稳定的顾客关系相当重要，因为顾客导向型的竞争较之于产品竞争更容易形成“顾客锁定”的关系；二是要提高对顾客需求的理解、把握与挖掘的能力。

趋势科技推出的“红色服务”就是一个典型的案例。在把握中国市场独特的市场需求过程中，趋势科技曾经历过挫折，不过最终还是

适应了市场环境，获得了成功。作为一家跨国公司，趋势科技在2002年曾推出了一项着力于提供高端咨询顾问服务的PSP服务，但是推广效果并不理想。后来经过一番调查发现，在当时的中国市场，消费者对这种高端的顾问咨询服务不是非常认可，相对于远程的咨询、顾问服务，中国消费者更加需要提供身临其境的贴身服务，即需要技术人员亲临现场解决具体问题。基于中国市场的这种需求特点，趋势科技适时调整了服务策略，并推出了“红色服务”，即提供专人的7×24小时手机服务，并配置本地化的经过专门培训的区域市场工程师，实行面向客户的远端专家服务和现场专家服务相结合的服务策略，从而在不同的层面上，以不同的方式实现了对客户的及时、有效的服务。这种顾客导向型的服务策略使趋势科技在中国市场上获得了巨大成功。

（2）服务创新战略是一种知识导向的提升战略

服务创新战略要求制造业企业向顾客提供知识和技术密集型的服务，它包含了制造企业以往凝结在实体产品中的知识、经验和能力。正是这种知识、经验和技能，才使得制造业企业在竞争过程中获取差异化的优势。这种情况也说明：其一，不是所有的企业都有能力实施服务创新战略，它需要企业自身具备比较强的知识，经验积累以及相应的能力；其二，“知识导向”需要企业自身和顾客两个方面的知识，如何将自身知识成功输出到用户企业、如何将用户企业知识成功纳入自己的知识体系中，是制造企业必须认真思考和把握的重要问题；其三，由于所提供的服务通常都是知识、经验和能力密集型的，因此相对于实体产品而言，服务创新战略的实施将会增强企业核心业务的不可模仿性，其他企业较难模仿，这样也就形成了一定程度的进入壁垒。

（3）服务创新战略是一种价值导向型战略

无论是以产品为核心的服务价值补偿模式，还是以产品为依托的、以高附加值服务为核心的价值创造与延伸模式，其核心都在于服务创新。在价值链的视角下，企业围绕产品并超越所在行业和产品本身的限制，为顾客（也可以是价值链上的供应商）提供服务并实现产品增值，是促进企业高速增长的新战略理念。也就是说，服务不仅可以依赖于产品原本价值的实现来获得自身价值,还可以进行服务的增值,创造出除了产品价值以外的新的价值,因而是一种价值导向型的战略。

(4)服务创新战略是一种复合型战略

在服务创新战略中,制造企业向客户提供的是一种包含多个要素的复合性、系统性的服务,而不只是针对单个要素的服务,它需要多种要素相互间配合和支撑。这也意味着:其一,服务创新战略提供的是一种整合服务,整合能力是关键;其二,仅有技术上的能力和知识是不足以支撑服务创新战略实施的,企业各种职能需要协调;其三,复合型服务战略的实施要求企业在组织结构、人力资源结构、运行模式,绩效考核等方面都进行适应性的调整。事实上本书第四章的实证研究也证明了,企业内部这些因素(包括资源、组织结构、服务质量)都对企业服务创新的绩效又显著的影响。简而言之,服务创新是一种复合型战略体系。

(5)制造企业服务创新战略是一种模块化战略

在服务创新战略的实施中,制造企业面对的是差异性较大的客户需求。在这种情况下,针对每一个顾客提供完全个性化产品的成本无疑是极高的。因此,制造企业通常采用模块化服务创新战略,即通过不同的知识和能力模块组合向客户提供能够满足其需求的"产品+服务包"。这种模块化的服务策略不仅使得企业生产成本下降,而且还能增强服务提供的灵活性,创新的潜力因此被大大挖掘出来。模块化战略是关于服务创新战略的新的研究热点,它在制造企业的服务增强竞争中大量存在,企业管理者需要高度重视这一点。

综上所述,我们认为就服务创新战略而言,价值导向是核心,客户导向是基础,知识导向是内容,模块化是手段,而复合化是形式。这五大特征构成了制造企业服务创新战略的总体逻辑框架。

2.制造业企业服务创新战略的基本模式

在传统商业模式中,顾客购买一件产品之后,既能拥有它的使用权,也将拥有它的所有权;产品在其使用过程中出现的一系列问题,将由顾客对其负责和管理;在产品的销售和回收、废弃处理等环节,制造企业也只是负责提供一些比较简单的服务,例如,产品使用前的安装与调试等。然而,在新型的服务化商业模式中,制造企业将全面负责产品的使用维护、管理、检验和回收废弃等环节,此时,顾客对产品将拥有使用权,而对于产品的所有权既可以由顾客所有,也可以由制造企业所有。

那么,到底有哪些新型服务创新模式呢?本书根据价值链理论以及蒙特(Mont)的研究成果将制造企业服务化模式分为:产品延伸服务创新模式、产品功能服务创新模式和整合性解决方案的服务创新模式。

(1)产品延伸服务创新战略模式

制造企业的产品延伸服务创新模式是建立在蒙特所提出的产品服务系统概念基础上。按照蒙特的研究成果,在产品延伸服务创新模式下,有形产品的所有权依旧属于消费者,但是由于制造企业期望对其业务进行价值延伸,将提供除产品之外的服务。也就是说,在顾客购买产品之前、购买产品过程中以及购买产品以后,全部由制造商负责对其提供相应的服务。

制造企业产品延伸服务模式的特色在于顾客不仅拥有对产品的所有权,同时将产品的维护、检测、监视、回收以及废弃等生命周期的其他环节,交由制造该产品的企业来负责。在这一新型的服务创新模式下,需要将有形的产品生产与其复杂的外部环境联系起来,这就意味着制造企业必须对产品生产及其销售环节进行管理,以促进产品的效用达到最大化。在这一过程中,因为制造业企业存在对产品整个生命周期进行管理的理念,能够为顾客提供其所需要的价值增值方面的服务。因此,产品延伸服务创新模式有助于增强产品在最终客户端的使用效率,从而能够有效地强化制造企业与顾客之间的互动关系,提升顾客群体对制造企业及产品的忠诚度。

推行产品延伸服务创新战略模式的制造企业,需要具备两个方面的能力。

第一,制造企业需要具备服务项目的管理能力。传统制造企业生产模式主要以产品的生产和销售为核心,在这种生产模式中,产品的标准化程度比较高,与客户的接触度低,大规模、流水线生产是其实现产出的基本方式。而在产品延伸服务创新模式中,制造企业不仅需要考虑产品的生产,还要考虑顾客的定制化服务需求,并通过生产满足顾客个性化需求的产品来实现利润增加。产品延伸服务创新需要向客户提供复杂的"产品+服务包"。在这一延伸服务的产品生产过程中,企业需要与客户保持长时间的沟通和互动,需要打破传统意义上以产品生产为中心的、相对独立的项目管理模式,需要打破"项目驱动"模式。同时,要在企业内部实施对各个项目的整合,使各个部门能够适应整体性规划,实施高效的跨部门协作。

第二,制造企业需要具备知识管理和学习能力。与传统生产模式不同,制造业的产品延伸服务模式向顾客提供的是包含知识和经验在内的服务或者"产品+服务包",因此,企业知识管理能力的强弱,将直接对服务创新的效果产生影响。产品延伸服务模式的实施既要企业具备很强的产品生产能力(技术能力),还要具备广泛而全面的知识管理能力,尤其是向顾客提供优质服务的知识管理和应用能力。除了知识管理能力,怎样将自身所具备的知识高效地输出到用户以及如何获取和整合顾客的需求和知识,都需要企业具备较强的学习能力。

富士施乐(Xerox)的文件服务就是企业开展产品延伸服务模式的典型例子。富士施乐公司是全球最大的数字与信息技术产品生产商。目前已经成为全球500强企业。富士施乐即意味着"更好的解决方案,更低的综合运营成本,更出色的效果,更高的工作效率"。作为信息技术生产商,富士施乐还积极向全社会宣传文件管理工作的重要性,并推出了获得广泛认可的XOS(Xerox Office Service)办公文件管理服务项目,该项目不仅提高了企业的管理能力以及办公效率,还大大地降低了企业的管理成本。

富士施乐所提出的文件服务是一个综合的管理系统,涵盖了从文件创作、起草到印刷制作成册(或者文件),再到配送、库存这一全过程。众所周知,文件的印刷和制作,通常会因为印刷时间滞后或者内容陈旧而造成一定的浪费,但富士施乐所推出的文件管理服务,可以有效地帮助客户根据其需要按需制作,用多少制作多少。此外,富士施乐还能帮助客户对不同品牌、不同型号的打印机和复印机等办公设备进行系统而规范的管理。富士施乐研发出一款软件,可以实现对其进行网络化管理,实时监测所有设备。当这些设备出现问题时,富士施乐将迅速获得相关信息,并立刻有效地解决问题。事实证明,富士施乐的文件服务综合管理系统有助于客户集中精力专注于自己的核心业务;富士施乐的产品延伸服务亦为其赢得了市场,带来了竞争优势。

(2)产品功能服务创新战略模式

在制造企业的产品功能服务模式下,产品的所有权仍然由制造企业所有,制造企业所提供的只是产品(或服务)或其相关功能的组合,而顾客购买的则是产品的功能,并不是具有实体的有形的产品,因而消费者只需要对产品的功能进行付费,而不需要对有形的实体产品进行付费。换言之,在产品功能服务化模式下,很大程度上,产品的所有权由制造企业所有,顾客拥有产品的使用权,而产品的护理、检测、维修及生命周期末的回收或废弃则是制造企业的职责。产品功能服务模式能够有效地将实体产品及其功能进行巧妙地结合,有助于制造企业实现差别化的经营策略,提升顾客群体的满意度和忠诚度,从而有助于保持企业与顾客之间的持久的合作关系。企业和顾客之间进行良性的互动和合作,也在一定程度上实现了制造企业与顾客的双赢目标。

适合采用产品功能服务模式的产品需要具备两个基本特性:第一,产品需要定期维护,而且其产品的生命周期要大于顾客的使用期。例如,家电中的洗衣机、空调以及电梯等产品,它们的共同特征是需要定期进行维护、清洁、保养,而且在其生命周期结束时,一般由制造商企业回收。第二,产品在其生命周期末期比较难处置。这既可能是那些直接抛置在自然环境中难以自行降解的产品,或者是会给周边环境产生负面作用的产品;也可能是那些尽管产品的生命周期已经终结,但经过回收处置仍然可以作为生产其他产品所需的原材料或者零部件的产品。对这一类型的产品采用功能服务化策略，不仅有助于提高制造企业的环境绩效，还将促进对资源的循环使用及综合利用。

实施产品功能服务创新模式的制造企业需要具备三个方面的能力。

第一，需要具备知识整合能力。实施产品功能模式的制造企业，已经完成了由单纯的产品生产向功能开发与维护的转变，企业提供的是一种综合型的“产品+功能”的服务。因此，这种模式需要企业对其内部的各种经验、知识和能力进行整合，以形成为顾客提供功能开发和维护的服务创新模式。从模块化生产的角度来看，包含不同的知识、经验以及技术内涵的服务解决方案可以被视为不同的模块，如何根据顾客特定需要将这些模块整合在一起，是产品功能型服务创新制造企业需要解决的首要问题。

第二，需要具备客户关系管理能力。在此模式下，制造企业提供的是能够满足客户特定需求的功能服务，与基于单次交易关系的产品交易关系不同，此模式要求企业与客户形成长期稳定的关系，因为这是制造企业服务创新战略顺利实施的重要前提，也是实现双赢的前提。因此，客户关系管理能力是产品功能服务创新制造企业应该重点培育的能力。

第三，需要具备组织结构再造能力。由以产品生产为主向以功能服务提供为主的转变，意味着企业发展战略、竞争战略的转变，意味着企业经营模式的转变，相应的组织结构和职能分工必然要围绕“产品+功能”的模式进行调整，以保证产品功能模式服务创新的顺利实施。基于“产品+功能”的研发部门、针对客户需要的市场部门、专业性的产品功能提供部门、评价部门等都是必备的部门，业务运行流程也需要再造，以便它们能够适应新的战略需求。

简单说来，在产品功能服务创新模式实施过程中，顾客不需要拥有该产品的所有权，就能使用该产品的功能。美国Interface地毯生产公司提供的“变卖为租”的地毯服务方式，就是产品功能服务实施模式的典型案例。Interface公司在地毯销售过程中发现，公司过去每年都会丢弃数以百万吨的地毯，这些废弃的地毯已经给环境造成了很大的污染。从1994年开始，公司总裁要求改变这种现状，于是提出了一种“变卖为租”的地毯服务方式，也即将过去贩卖办公室地毯的销售模式转变为出租地毯，即提供服务的销售模式。

通过调研发现，顾客比较关心的是地毯的使用价值（带来舒适感），而不是地毯的所有权。办公大楼里通常每隔十年左右都会因为地毯的磨损而进行更换。地毯的更换既费时费力，又给企业的正常办公带来负面影响。同时，每年被更换的地毯多达数百万吨，这些地毯需要在土壤中埋藏两万余年才可能被完全分解。为了改变这一现象，Interface公司通过与顾客签订长期的租赁合同，按月查验与维护，对损毁部分进行更换，并对用户收取一定的服务费用。这一办法大大降低了对地毯原材料的消耗，也减少了用户的成本以及对公司办公秩序的影响。这一服务创新，既使顾客获得了便利、优质、全面、廉价的服务，又降低了地毯制造商的生产成本，也使得制造商的盈利模式得到升级，企业利润相应提高，同时也有利于环境保护。

（3）整合性解决方案服务创新战略模式

在整合性解决方案服务创新战略模式下，制造企业向顾客提供的是一套完整的解决方案，具体来说包含产品、服务和系统三大要素。制造企业整合性解决方案服务模式是指制造企业将产品所涉及的多样性服务或功能进行整合，最终将产品提供、技术和服务提供这三方面的创新有机地组合起来，以满足消费群体对产品的个性需求，产品的所有权由提供产品功能的制造企业所有。与以往的消费品交易相比，此种战略模式下的产品提供者与顾客之间存在长期的B2B交易关系。因而，整合性解决方案服务模式能够更好地根据产品生命周期，向顾客提供定制化的产品和服务。

适合采用整合性解决方案服务模式的产品一般具有如下特征：第一，技术含量高、生产成本高，而且通常都涉及比较复杂的生产系统。这一类型产品的生产和使用离不开传统制造企业的支持。第二，涉及多元化复杂功能的产品。例如，在文件管理过程中，就涉及打印、备份、扫描、传输、储存等一系列功能服务。

然而，并非所有制造企业都具备实施整合性解决方案服务模式的条件。实施此种服务模式，企业需要具备四项基本能力：①系统整合能力。它是制造企业实施整合性解决方案服务模式的核心能力，其核心在于设计并说明整合性解决方案的实体要素（包括硬件构成和内部软件）。②运营服务能力。这是一种无形的服务，如产品检测与维护、客户指导与培训等。③企业顾问能力。其主要作用在于提供解决相关问题的建议方案和咨询，如生产制造过程中的运营问题和战略问题的诊断、定义及解决等。④卖方融资能力。通常采取顾客价值共享合约的方式，以降低整个系统的购买成本。

制造企业要成功地实施整合性解决方案的服务模式，必须建立以顾客需求为导向，并且依照此需求进行相应的组织变革。因此，制造企业在设计新的组织结构时要注意三个问题：前端的顾客单元；后端的功能提供者，即产品和服务单元；战略中心，即优化组织结构、制定发展策略和提升品牌价值的单元，这一单元还要承担起鼓励前端与后端的相互合作。

IBM是成功实施整合性解决方案的重要例子。IBM公司曾是一家各类电脑主机生产供应商，20世纪90年代遭遇连续三年亏损（亏损金额高达160亿美元）。为了扭转不利局面，时任CEO的郭士纳发起了一系列改革，促使IBM由简单的计算机产品供给组合，向整合式随需应变的方案进化的转型。比如IBM推出一些服务项目，向其客户企业高层管理者提供解决企业内部问题的方案，包括帮助他们制定关于增加利润、减少成本、管理投资等方案。经过企业的服务化改革，2008年IBM的税前利润突破了167亿美元，成功实现由“技术和产品生产”向“应用和服务”的转变，并成为全球最赚钱的公司之一。

（二）我国制造企业服务创新战略的实施

1.推进制造企业服务创新的宏观对策

推进制造企业服务创新离不开宏观层面的支持。政府是否能够针对不同类别的产业，制定出恰当的支持服务创新的政策措施在很大程度上决定着制造企业服务创新的实践效果。

(1)建立和健全市场竞争机制

政府应该进一步完善市场竞争机制,鼓励制造企业,尤其是中小型制造企业通过服务创新展开公平竞争。中国制造企业的实际状况是:一方面,部分制造企业还存在"傻""大""黑""粗"的特征,企业的竞争力偏弱;另一方面,还有很大比例的制造企业属于国有大中型企业,企业的活力有待提升。在这种情况下,服务创新战略为制造企业提升竞争力,为改善企业绩效水平提供了重要的发展思路。然而,时至今日,受到过去计划经济残余的影响,市场经济的各种机制还不健全,这在一定程度上阻碍了制造企业通过服务创新展开公平竞争。

在不健全的市场机制的限制下,中小企业在服务化改革过程中的融资、产品(或服务)推广等方面的劣势暴露无遗。政府有关部门应该从行业层面出发,为制造企业建立健全公平的服务创新竞争机制,抑制不正当竞争,以保护服务创新企业的权益。尽管服务创新实证模型证明了企业服务质量的改善,企业资源的投入能够有效地促进企业服务创新绩效的提高,但是,这一分析只有在公平竞争的市场环境中才可能成为事实。事实上,服务创新战略具有很强的顾客导向竞争性,而竞争是需要制度机制保障的。因此,完善市场竞争机制能够保证形成企业提高服务质量和加大资源投入的价值增值的效应,进而促进企业员工、顾客、股东、供应商以及社会价值的实现。

(2)积极出台服务创新促进政策

目前,我国关于创新的政策主要是针对制造企业技术创新的,很少有支持服务创新的政策措施。究其原因,主要是由于政策制定者没有充分地认识到服务创新的重要意义以及实施服务创新的条件和可能性。因此,从宏观层面看,政府首先应该转变观念,要从战略的高度充分认识服务创新的重要性;再则,职能部门应根据不同制造行业的异质性,制定恰当的政策措施,并且在出台各类服务创新政策的同时,应该有条件地配套出台产业政策和科技政策,重视服务创新政策与科技政策、产业政策之间的有效协调。

目前，在整个制造行业的价值链上，一些服务部门和技术创新部门与生产部门之间的关联性比较薄弱，这对于生产满足顾客需求的产品与服务非常不利，因此需要通过政府出台相关政策，强化二者之间的联系，促进制造企业顺利展开服务创新。此外，政策应该注重对服务创新价值链上各个价值群体的协调，包括对产品生产者、服务提供者、顾客、企业股东等价值群体的协调。

就具体的服务创新政策而言，我们可以借鉴欧洲的服务创新政策。第一，通过加大对知识产权的保护，确保企业服务项目的产权，保护创新者（创新企业）的知识产权，促进企业基于服务创新的产权的公平交易与转让。第二，大力支持通信基础设施的发展，为制造业服务创新提供平台和技术基础，并借此推动相关产业的发展。通常而言，通信技术、先进技术与方法对于服务创新存在显著的推动作用，这一观点在本书已被实证研究加以证实（见第二章第三节）。第三，大力开展服务人员教育与培训提高人力资源的整体素质，以满足企业实施服务创新战略对相关人才的需求。

2.制造企业实施服务创新战略的主要措施

当企业逐渐转变成一个以服务化为发展战略的公司时，就需要一个灵活的、以顾客为中心的运营模式来支撑服务业务的发展。为此，企业要更加注重客户的现实和潜在的需求，加强企业不同部门之间的沟通与协作，形成知识、经验的共享，提高企业的整体服务能力。制造企业实施服务创新战略的主要措施包括以下几个方面。

（1）调整企业组织结构

组织结构是一个组织的载体和支撑。服务创新企业要能进行高效率的运转，就需要具备一个分工明确、职责权利清晰、流程顺畅且各部门之间能够协作配合的组织结构。企业组织结构的灵活性能够在5%的显著水平上，显著地促进服务创新绩效水平的提升。大量事实说明，合理的组织结构能够确保服务创新企业提高协作效率、促进信息的交流、快速响应客户的需求以及市场的变化、降低创新管理成本，进而保证企业创新目标和战略的实现，保证公司的持续发展。

制造企业服务创新的组织结构调整应确立如下重点。

第一，管理者能够依据公司的宗旨，积极、主动地开展服务创新活动，使得公司各部门各司其职，使得员工各谋其政，促使企业服务创新整体绩效水平提高。为了让企业服务创新战略部署能够被下属所接受，企业应该确立组织的核心领导层来领导组织的变革，在合理的管控下实施企业的服务化战略。

第二，对企业组织结构进行有机式设计，既确保组织的灵活性，又有利于服务创新职能的实现。目前，我国大多数制造企业所采用的组织结构是直线职能制。职能部门拟定好的产品生产和服务创新计划统一由直线领导来批准与下达，职能部门没有直接指挥权。尽管这种组织结构能够快速传达命令，但是，随着企业规模与行政系统的逐渐变大，各部门之间的协调变得越来越困难，导致组织体制僵化和管理成本上升等一系列问题。因此，制造业企业欲实施服务化战略，其组织结构需要能够满足跨部门之间的协调与快速反应。此时，可补充采用另一种组织模式——矩阵制组织结构，来促进企业服务创新战略的实施。

因此，实施服务创新战略的企业，应该依据企业自身的条件，对不同的企业组织结构模式进行对比分析，形成一种灵活性较强的组织形态，并在现实中不断地进行完善和调整，实现企业的服务创新战略。

（2）优化企业业务流程

业务流程重组的目标包括降低企业成本、提高企业的服务效率、开辟新的服务方式使顾客满意，实现顾客价值的最大化，同时提高企业的市场反应力，增加企业的经济效益，提升企业的核心竞争力。在企业价值链中，一个业务流程就是一组以顾客为中心的从开始到结束的连续性的活动。按照本书的分析，一套能够迅速反映顾客、供应商需求的流程系统，能够显著地促进企业的服务创新活动。同时，一套能够与顾客、供应商、经销商保持良好关系的开放型服务创新战略，又能够显著地促进企业绩效的提高。事实上，企业整个价值链活动就是一个创造价值的工作流程。这个流程可以细分为生产指导流程、决策计划流程、服务流程、信息流程、资金筹措流程等。其中,决定和影响着企业独特性或竞争力形成的服务流程,是价值链中高附加值活动,制造企业对此应该予以重点关注。企业可以采取的具体战略措施有:第一,建立灵活的服务创新流程以便快速对市场需求做出反应;第二,建立新的流程体系,鼓励企业内部跨部门合作,推行服务创新改革;第三,在此基础上,以顾客为出发点对价值链进行分解、整合、重组,改造原有流程的路径、工作环节和步骤划分,最终实现业务流程的最优化。

(3)完善绩效考核体系

完善的绩效管理体系有利于促使服务创新企业对各种资源进行有效整合,包括与重点客户、配套供应商、金融机构等进行广泛的合作。制造业企业实施服务化战略首先需要结合企业自身的实际,努力建设一支高精尖的技术人才队伍,培养一支精细化管理的经营团队以及拥有一支精心操作的人才体系。高素质的人才队伍是制造企业服务创新最有力的支撑。在构建新的人才体系的过程中,企业应积极创新组织的管理体制和治理机制,努力营造一种公平合理的竞争机制,创造有利于各种人才脱颖而出的良好氛围,这又需要完善服务创新绩效考核体系,通过科学合理的衡量指标,使服务化战略实施具体化和具有可操作性。

制造企业的服务创新本质上是一种过程和能力的创新,它不仅会对企业现有的业务流程和企业文化提出新的挑战,而且还需要企业培育出服务创新资源和能力。但是,企业还应该明白,制造企业在向服务化业务或者项目的拓展过程中,需要一个优良的管理团队来整合已有的服务创新资源,以提高企业服务创新的效率和效果,而管理这个服务创新团队的有效措施就是建立完善的绩效管理体系。在此,制造企业尤其应该注意建立健全一线员工的绩效管理体系。通常而言,企业员工在提供服务的过程中,将通过观察、了解或者提问,能够对顾客的需求进行识别,发现企业服务过程中存在的问题,并将获取的相关信息提供给公司,促进企业及时采用服务创新改进措施。对于一线员工的激励,应该被认为是企业服务创新绩效改革的重要内容。

第四节　保险企业服务创新

一、保险服务创新理论基础

（一）保险服务创新理论

熊彼特在他的研究中，首次提出了服务创新的理念，所以，熊彼特对创新的理解与分类是服务创新类型的主要依据。熊彼特在《经济发展概论》中首次从经济学角度解释了“创新”这一词汇，其主要包含五个层面的内容：市场创新、产品创新、资源配置创新、技术创新以及组织创新。在此之后，在经济研究的各大领域中，都引入了创新的概念，尤其是在工业制造业中表现得更为突出，许多学者从各个角度对创新展开了深入研究。

Den Hertog 还对各不同类型的创新展开了进一步的分析，确立了相应的模式，其中包含：①客户引导型创新。作为服务企业，为满足客户的现实需要而做出的创新变革。②供应商主导型创新。从很大程度上来说，硬件制造商所提供的技术创新是整个创新的基础所在。③经由服务的创新。客户公司的内部创新受到服务企业的影响，作为提供中间服务方，提供相应的知识资源，并通过各类有效方式支持和推动创新。④服务业内部创新。具体的创新和执行，都是源自服务企业的内部，而这种创新可能是非技术性的，或是技术性的。⑤范式创新。

在保险服务中，创新的种类还是非常多的，根据服务创新的新特点，可以得出保险服务在以下几个方面的创新。

1.保险市场创新

保险服务的创新是建立在保险市场创新的基础之上的，保险服务的创新的目的也是为了拓宽保险市场，而保险市场的创新也推动着保险服务的创新。其实，保险市场的创新不仅仅包括对全新市场的开发，还要把保险推入其他更多行业的市场中去，使单一的保险市场变成多元化的市场，在各行各业中都能见到保险的身影。

2.保险产品创新

随着消费者需求的不断变化，保险产品也应该做出相应的改变，这就需要更新保险产品。主要的做法就是从传统的保险领域进入另一个需要保险理念的全新的领域。相较保险市场的创新而言，保险产品的创新主要是通过技术研发和从外引入新的形式，而引入的全新产品不一定是具体的某个物品，而只是一种形态，一种理念，一种服务的态度和方法。就比如保险公司开发出了一个新的保险种类和方向，这就是对保险产品的发展创新。

3.保险服务过程创新

保险的服务与保险的产品有着非常重要的联系，服务就是一种产品，产品的销售过程就是服务的过程，所以保险服务过程的创新必定连带着产品的创新。保险服务的创新主要表现在两个内容上，一个是对保险销售的过程进行创新；一个是对保险分散传递的方法进行创新。

4.组织创新

组织创新也是服务创新中的一个重要内容。其主要是针对保险企业的内部结构，对保险企业内部组织做出相应的调整，以适应不断变化的市场和满足顾客的需求。当然，对内部进行组织创新主要的方法就是强化管理。保险团队从企业管理中独立出来，进行自我管理，就是保险创新中组织创新的具体表现。

5.保险技术创新

以原有的技术为基础，加之创新型保险技术，二者融合并进，形成保险技术创新，该项创新的基础仍然是保险服务技术。

6.传递创新

传递创新的定义是在保险服务中进行的不断延续的创新，其主要体现在企业与消费者之间的交流联系的变化。在一般情况下，服务的传递会对顾客感知保险服务有着非常重要的影响，所以，对传递进行创新会直接影响保险企业的发展，也是对保险前台的创新，这种在传递式的创新有利于增加顾客对保险的理解，使顾客对保险更加满意。

（二）保险服务创新的内容

1. 服务理念创新

就保险公司的服务创新而言，逐步形成科学的服务创新理念十分关键。所以，国内保险公司实际进行服务创新体系发展建设的过程当中，一方面，始终遵循以客户为中心的基本原则，在这个基础上，合理进行布置与安排，积极开展服务创新活动。需要特别指出的就是，该理论不能够仅仅体现在公司人员方面，也必须体现在产品当中，根据客户的实际需求，有针对性和有目的性地进行产品与服务的供给，更好地迎合和满足客户的个性化需求。

由于保险行业与一般的行业有着明显的差异性，客户是主要收益来源，在这种情况下，要想使得保险公司实现稳定健康的运营与发展，就必须提供最优质的服务。正因如此，国内的保险公司实际进行服务创新的时候，各项工作必须围绕客户来展开，通过进行优质服务的供给，获得客户的认可与信赖，不断提高服务质量水平，同时，在这个过程当中，还能够帮助公司逐步形成更多地发展优势。通过进行前面的论述和分析能够得出，国内保险公司积极开展服务创新活动的过程当中，需要全面落实服务创新理念，各项工作开展将客户作为中心，根据客户的需求因地制宜地开展各项工作，为客户创造价值，确保在展开服务创新的过程中，得到客户及其他方面的支持和保障。

2. 保险产品创新

保险公司实际进行经营管理的过程当中和一般的公司存在显著的区别。对于保险公司而言，服务是经营管理的基本内容，也就是说，向客户提供服务保障就是产品价值的集中体现。然而，在时代不断发展和进步的同时，民众的收入持续增加，市场当中的保险产品类型也变得更为丰富多样，尤其对于民众健康的注重等，相关产品获得民众的青睐。同时，对于目前的保险市场而言，尽管大部分保险公司都进行了很多类型健康保险产品的运营与发展，然而，实际进行产品营销的时候，对路的产品比较少。在这种情况下，通过系统调查和分析得出应该进一步促进保险产品的市场适应性的提升，进行服务产品开发设计的时候全面把握客户需求，持续地对于保险服务内容进行革新和升级，向客户的健康进行全方位保障服务的供给。

也就是说，国内保险公司实际设计服务创新内容的时候需要更加真实全面的把握实际需求，进行保险产品运营和发展的同时，提供一系列的增值服务。一方面，国内的保险公司在进行运营和发展的过程当中，应该抓住国内养老制度改革与医疗改革的机遇，有针对性地进行具体优质服务的供给。就像国内的保险公司开展产品销售工作的时候，向客户进行免费的体检、康复护理以及健康咨询等各种相关服务的供给。另一方面，国内的保险公司在服务的过程当中，能够参考现在社会当中的基本就业情况，进行各种失业保险产品的开发设计。同时，在这类保险产品实际营销的过程当中进行相应就业的培训等服务的供给，还能够向客户提供相应的信息等。

此外，国内的保险公司在其发展及日常运营的过程中，应当始终以客户现实需求为中心，研发设计产品，研发设计，通过更好地迎合和满足客户的个性化需求，进一步提高自身在市场当中的竞争力。就像向艺人进行健康保险和意外保险服务产品的推出，还能够根据客户所从事的行业，有针对性和有目的性地进行专属保险产品的推出等。而且，国内的保险公司在研发服务产品的过程中，需充分发挥自身优势，向客户进行咨询等各种附加值比较高的服务的供给，从而进一步促进服务品质的提高。

就国内的保险公司而言，在实际的服务创新当中需要不断地对产品进行革新和升级，依据客户的基本需求积极进行总体服务品牌的打造，在这种情况下，才能够持续促进公司价值的增加。需要特别指出的一点就是，客户的需求并不是一成不变的，同时，客户有着各种不同的需求。所以，实际进行服务产品运营和发展的过程当中，必须根据市场发展动向及时更新服务产品，通过进行服务创新使其基本内涵得到全面拓展。

3.服务形式创新

经过观察发现，国内保险公司都十分关注创新服务观念，比较重视客户的需求，因而在设定服务方案时，都会根据公司的情况开展创新服务。在所采用的创新方式中，各个公司需要了解客户对于保险的相关要求，汇总大量的用户信息，梳理客户对于保险产品类型、费用缴纳额度、理赔流程等方面的要求，并以此作为依据，设定出创新化的服务。我国的保险公司当实施创新化服务时，需要设定出不同种类的服务方案，关注处理便捷性以及时效性，利用不同方式满足客户的需求。如可以设定专门提供服务的电话，方便客户随时进行咨询，提出反馈意见等。另外，还需要让保险销售人员了解一些医学知识，以满足客户进行健康咨询的要求。此外，公司在开展运营管理活动中，还需要专门为新客户召开沙龙，促进他们之间进行良好的互动交流活动，积极建立公司的专属网站主页，让更多客户了解本公司保险产品。

可见，通过梳理以上服务创新的理念，笔者提出国内保险公司需要关注此工作内容。在此运作理念当中需要重视客户的分类，销售途径的设定，维护客户关系，了解核心资源的运用状态，认真分析合作方情况以及价值取向、收入渠道、成本组成等内容。并根据以上内容来设定比较全方位的服务。

(1)管理维度层面

国内的保险公司在开展服务创新活动中，站在管理维度角度来观察，其中涉及如下几个层面内容，也就是价值主张、收入渠道、成本构成。这里所涉及的价值取向可以理解为公司需要根据市场的发展情况，经过分析不同的客户群体，设定出有效地服务方案和产品。不过应该给予关注的是，价值主张并不是可以让全部客户得到收益，它所体现的创新性以及破坏性并不确定，它有时会和当下涉及的产品比较相似，而且都是单一的添加更多的功能等。可见，价值主张带有的特征并不是一成不变的，它能够进行定量估算，又能开展定性设计。如通过确定价格以及如何设定便利服务的方式来体现出定量估算，利用客户体验感受以及设计相关服务产品的方式体现出定性设计。A保险公司所提出的价值主张，其中主要根据产品的特性来体现价值。再来观察收入渠道，可以看出，公司主要依靠服务来获得收入。因而，国内的保险公司在开展服务创新活动中，应该为客户提供超值服务，才能促进客户自愿提交资金，并根据此方式不断拓展客户数量，提升经济收益。再来观察成本结构可以发现，一般来说保险公司会把它划分为固定以及变动两种成本，应该了解怎样才能有效地减少成本支出，尽可能地提升公司收益。

（2）市场维度层面

在致力于为客户设定高品质服务的过程中，在市场维度层面上需要关注到层面内容为客户分类问题、分销途径问题、维护客户关系问题。客户分类可以理解为依据人群的差异以及不同组织来设定客户的种类。在进行细分时，需要依据客户的具体要求、一致的倾向性等来进行汇总分析，根据不同群体的需求来设定服务方案。对于分销渠道的设定，应该关注到公司如何处理好客户提出的相关问题。由于在开展分销的过程中，公司需要对现有产品进行改进，让客户了解公司的相关产品，帮助他们寻找到最符合自身需求的产品。对于客户关系维护问题上，公司需要重视和不同群体相互间的关联关系，维护客户良好关系的同时，需要通过设定专属助理方式来逐步过渡到自动化服务形式。

（3）资源维度层面

站在资源维度进行观察可以发现，其中涉及不同层面内容，分别为核心资源、关键业务、重要合作伙伴。先来分析核心资源，它在本质上就是公司所提供的服务产品，而此类产品需要为公司创造更多的收益，并为公司赢得更多客户。可见，处于保险公司角度而言，客户提出的要求各异，需要设定的核心资源也具有差异，国内保险公司所涉及核心资源中，分别涵盖了知识以及人力资源。对应知识资本来说，它可以体现出公司的外在形象以及公司已经获得的客户信息。对于人力资源来说主要可以体现出公司所拥有的专业化销售团队。而对公司带来重大影响的则是关键业务，它可以展现出公司在商业运作中的地位。国内保险公司所开展的关键业务中，应该遵循客户的要求来设定具体服务方案。再来看重要伙伴可以发现，它主要涉及公司所开展的创新活动，为了促进公司在未来得到稳定发展，需要设定良好的合作关系，以便于获得更多优势资源，减少公司需要承担的风险。这里所提及的重要伙伴，其中蕴含了行业内的竞争方以及开展合作研发的相关机构。这部分良好的关系，能够为用户提供更加满意的服务，利用更多优势资源来提升自身的运作水平。

二、保险公司服务现状分析

国内保险公司的经营范围和方式各不相同，为方便分析与叙述，笔者以国内A保险公司的经营为例阐述保险公司企业服务创新。

（一）A保险公司简介

2007年，A保险公司正式成立，是一家专门从事寿险的公司，注册资本为23亿元人民币。虽然该公司成立的时间并不早，但是其发展却表现得尤为迅猛，在2011年，A公司凭借自身的实力，获得了“最具成长力寿险公司”称号。从其经营的业务范围来看，与其他保险公司并无多少差异，A公司主要涉及的类型有健康性保险、人寿保险以及意外伤害险等，是一家专门服务于人身健康的公司。

在公司成立两年后，其发展战略开始不断调整优化，而主要原因则是因为人们对投保的需要与日俱增，而且整个保险市场的竞争日趋激烈。在调整过程中，公司首先制定了五年发展规划，其目标是在五年内，将公司打造成为最具发展力、最具发展价值的新兴保险公司，致力于成为寿险业的领头人。所以，在发展过程中，公司以“快速发展、价值成长”作为其发展目标，不断提升自身产品质量，不断拓展业务范畴。在调整业务的过程中，公司以价值业务作为发展的主营产品，同时，大力发展其他含金量较高的业务，如个险期交、团险意外险等，以此来推动整个企业的长足发展。

价值保费长期以来都是A公司的主要发展方向，在注重发展规模持续扩大的同时，也尤为重视企业的发展效益。从2008年后，公司寿险保费突破27亿元大关，位列同行公司首位。到2009年后，公司的发展策略正式改变，更为注重内涵式的发展，简单来说，就是在各分公司中，对那些发展潜力巨大、发展条件良好的公司，进行规模的扩张和服务的全新升级,让其发展三级甚至是四五级机构。到2019年年底,公司保费收入达到100亿元,同时,拥有28家二级机构,400多家三四级机构。该公司之所以会取得如此快速的发展,主要有两个方面的原因。首先是拥有雄厚的资金储备,再是公司确立的正确发展理念以及所提供的优质服务。在发展过程中,公司对产品设计创新、客户服务品质提升尤为注重。不但推出了直赔服务,而且,还与现代网络技术充分结合,设计"直赔"数据处理平台,客户完全可自主操作,在最短的时间内拿到相应的赔偿金额。从很大程度上来说,这对于公司服务品质的提升起到了至关重要的作用,同时,也提升了理赔效率。A公司所经营的主要产品有以下几类:乐童卡综合保障计划、安心旅行综合意外险、真心128重疾保障计划以及交通工具意外险等。

(二)A保险公司服务过程及内容

1.A保险公司服务过程

经过分析保险服务可以发现,对于A保险公司来说,它是公司运作的重点所在,该公司所体现出的服务情况,详见以下内容。

第一,A保险公司需要根据不同客户的健康状况制订与之相符合的服务产品计划。其中,还特意针对幼儿、妇女制定了特殊的健康保险。比方说为幼儿所设定的此类保险中,需要涉及意外伤害、大病等。可见,在设定产品计划的过程中,需要了解相关群体的健康情况,为大众的身体健康设定合适的保险服务方案。

第二,设定服务方案过程中,应该让客户感受到其中所蕴含的诚信度,提升公司的服务质量,为客户提供具有价值的服务内容,修正服务所体现出的缺点。在实施服务时,还需要勇于接受挑战,促进客户和公司都获得实际收益。对于服务中所许诺的内容,应该体现出如何遵循客户的需求,不能误导消费方,应该设定标准化的运作流程,监督工作人员是否都是依据相关规则来开展销售活动,根据客户反馈情况来设定工作任务,致力于为消费群体提供切实的关爱服务。

第三,为了让公司得到更加稳定的发展,A保险公司在开展服务过程中,需要重视理赔服务的水准。在实施真实服务时,需要制定便捷的理赔流程,并公开其中的所有内容。设定便于在全国都能进行理赔的服务。如果客户出现了一些特殊情况,可提出优先处理申请,当出现重大事故时能够利用预付保险金的方式实现快速理赔。除此之外,在提供相应的服务时,公司应于医疗公司搭建良好的合作平台,已购保险的客户,可在合作的医院直接结算费用,不用另行开展理赔流程,可为客户提供更加便捷而快速的服务。

2.A保险公司服务行业竞争情况分析

在国内的保险行业中,A保险公司也在积极开展运营活动,但是观察当下的行业发展情况可以发现,各个公司间的竞争力非常强。经过观察能够看出,A保险公司可以被划分为寿险公司,在本行业中涉及竞争的对手蕴含了国内四个主要保险公司以及别的相关公司。

通过观察国内的保险市场能够发现,已经占市场96%的公司分别为人民保险公司、人寿保险公司、平安保险公司、太平洋保险公司等。对于涉及寿险的公司中,在2016年末,国内此类公司的数量为68所,在这种发展势态下,A公司所处的竞争环境尤为恶劣。除此之外,有几大公司长期占据着整个寿险市场:平安人寿、中国人寿、新华保险、太保人寿公司。在国内的人寿市场内部,四个主要寿保险公司所拥有的市场覆盖率已经超过60%,由于市场竞争过于残酷,对于A保险公司来说,需要在余下的市场份额中开展相关竞争活动。观察保费收入的状况,A保险公司的收入对比其他大型保险公司来说占据的比例很小。

(三)服务现状

1.销售网络现状

A公司的机构网络遍布全国,其销售渠道也尤为多元化,其中包含了将近17.5万的个人代理、覆盖全国各主流银行的代理机构、公司官网、工商网银、携程等中介机构渠道在内的多元化销售渠道。

但与此同时,维护这张巨网的成本也不可小觑。根据公司在2018年度所公示的利润数据显示,该年度公司所支出的佣金及手续费用高达61.95亿元,占公司总营业支出的4.97个百分点;管理费及业务费更是多达100.97亿元，占到了8.11个百分点；其他的业务成本费用占到了31.88亿元，占总营业支出的2.56个百分点。

2. 服务产品现状

自公司开业以来，公司开发个人客户产品将近三百多种，而所开发的机构客户产品更是多达上千种，产品种类丰富多样，涵盖了普通型保险产品以及新型人身保险产品，可以说，人生各个时期的风险防范、养老健康、理财教育、医疗卫生等需求都可全方位保障，其中，公司在2002年开发了分红两全保险产品，而该产品一经推出，就成为整个市场分红产品的引导者，也获得了广大客户的青睐。但是，公司的部分产品也引起了客户的不满，比方说在2017年所开发的产品中，满期保单都是期交保单，达到既定期限后，只能获得保本收益，与客户预期收益相差甚远，公司在满期给付上面临着巨大的压力，甚至在部分地区还出现了规模较大的群体投诉事件。非但如此，该产品存量保单的数量十分大，满期给付的时间有较长的跨度。仅仅在产品推出的当年，产品累积满期给付多达32822件，有4589件产生了客户投诉，单产品的投诉率高达14个百分点。

除此之外，作为业务员，也会产生抱怨，因为其他保险公司某产品销售效果良好，但A公司却并未推出该款产品，所以也会导致部分客户的流失。

3. 服务内容现状

客户服务中，最为关键的就在于服务时效、服务品质。A公司所提供的服务涵盖了保单的整个周期，非但如此，在不同的时期，公司所提供的服务内容也有所差别，具体来说，主要有以下四个时期。

新契约/核保。公司给客户提供相应的承保服务，尽可能确保承保的时效性，提升服务品质。公司承诺，从客户提交申请，到再次拿到保单，不超过十五个工作日。

保全/续期。作为客户，可对自身权益以及保单所载权益向公司提出申请，比如说变更基本信息、增加保额等。

理赔。公司针对客户提供高效率、高品质的理赔服务，平均时效为1.95天。遇到重大的突发事件，第一时间启动应急预案，主动提供理赔服务。

客户服务。对客户提出的相关事宜，如投诉、业务咨询及转办等，公司均对其做出及时解答。除此之外，公司还提供一系列的增值服务，比如客户服务节、养生、SOS救助等，让客户拥有良好的体验。

4.服务载体现状

在国内，A公司拥有的标准线下客户服务中心多达1400多家，其统一服务中心更是七天二十四小时面向客户提供保单服务。

手机客户端、公司官网平台为所有客户提供在线保单服务；通过邮件、短信等方式，给客户提供全方位的消息提醒、慰问等相关服务。

但是同样也存在一些问题，最明显的就是线下客服中心平均数量偏少，许多服务中心的位置十分偏僻，需要长时间排队等候，比方说在北京城六区，服务中心仅有四个。除此之外，公司在2017年上半年，网站注册量大约为43万，而移动APP的注册使用量只有2.7万左右，这与公司将近3000万的个人客户存在明显的差距。

5.服务评价现状

从银保监会发布的保险消费者投诉数据来看，A公司在2017年前三季度，有12966个涉及人身险。其中，有9041个涉及保险合同纠纷，有3787个涉及违规违法投诉。

在合同类纠纷投诉中，有3972个是退保纠纷，占合同纠纷投诉的43.93个百分点，主要涉及的产品为普通寿险、分红险等，而诉求也是以退保所扣除的费用或者是退保金额为主；有2397个是承保纠纷，占26.51个百分点，而主要诉求则是产品投资收益与客户预期相差甚远，收益偏低。

在公司违法违规投诉案件中，有3722个属于销售违规，占违规投诉总量的98.28个百分点，有3316个涉及误导和欺诈，诉求以业务员夸大投资收益、公司不回访、带拟签名等为主。[①]

①张代军．保险经营管理创新模式研究[M]．上海：立信会计出版社，2017.

三、保险公司服务创新对策与建议

(一)保险公司服务创新的整体思路

A公司在进行服务创新的过程中,以客户为中心是其主要服务理念,那么,其服务创新方式也应依据实际情况做出相应的改变,简单而言,就是需要创新服务方式。公司应深入客户群体,深入调查客户的保险需求,要总结并深入分析客户对产品、投保、缴费、理赔等问题的现实需求,在此基础上,来创新服务方式。笔者认为,A公司要想创新服务方式,应当始终坚持个性化、多样化的服务理念,以快速、及时处理客户问题为基准,通过各类有效方法,促使客户满意度的提高。例如,可根据现实需要,开通全国服务专线,全天候为客户提供相应的服务,满足客户随时咨询、及时申诉等现实需要。除此之外,公司还应加大培训力度,让产品销售职员掌握一定的健康知识,以此来给客户提供更为专业、更加全面的健康咨询。同时,在条件允许的情况下,公司也可针对现有客户或潜在客户举办相应的活动,让客户间自主交流沟通,并建立专门的网站,让客户在网上实现自主申保、在线咨询等。

1.A公司创新维度

(1)市场维度

在面向客户提供优质的服务过程中,市场维度主要有三个层面。

第一,客户细分。公司在产品定位的过程中,应当依照不同的客户群体来进行细致划分,在这一过程中,公司应当充分考虑到客户的现实需要、共同的行为属性等,在此基础上展开区域划分,通过具体的客户群体,来对设计与之相对应的服务产品。

第二,设置分销渠道。公司需要处理好和客户之间的沟通接触问题。这是因为,实施设置分销渠道服务,公司可提高产品在客户心中的认知度,同时也让客户感受到公司所提供的优质服务,从一定程度上来说,也能提升公司在客户心中的价值,获得更多的客户认同感,从而让客户自主选择自身所需的产品。

第三,维护客户关系。从当前来看,A公司需要明确自身与每个细分群体之间的关系所在,要与客户构建良好的关系网络,可以采用个人到自动化的关系建立方案。这一方案是从个人助理到专用助理，最终到自动化服务的过程。

(2)管理维度

从管理维度层面来说，A公司的服务创新主要包含三大内容。

第一，公司的价值主张。这主要指的是以市场为导向，凭借对客户的细分，结合客户结构特点，设计相应的系列产品和服务，但是要注意的是，这种价值主张并非是让所有的客户都会受益，而且也并非都是具有创新性的，也并非是对以往的服务全盘否定，而是有可能和当前市场中已有的服务或产品类似，只是增加了部分全新的功能或者是改变了部分特性。相比较而言，价值主张拥有很强的灵活性，不但可以定量估量，而且还能进行定性设计。比方说，可凭借设计价格、控制服务速度等来进行定量估量。或者是凭借设计产品、进行客户体验等来进行定性设计。

第二，收入来源。公司的收入是其继续提供服务的动力和目的所在，因此，作为A公司，在服务创新的过程中，应当明确客户的购买意愿，给客户提供所需的产品和服务，并在此基础上，不断发掘潜在客户，促使收入来源的持续扩张。

第三，成本结构。对保险公司来说，成本结构可以分为两类，分别为变动成本和固定成本，只有对成本结构做出深入分析，才能采取有效手段降低运营成本，提升整体收益。

(3)资源维度

资源维度主要包含以下三大内容。

第一，核心资源。这主要是对公司服务产品的描述，该服务产品必须要能为公司带来收益和价值，而且，要能推动公司融入市场，并给其与客户建立良好的关系提供便捷。对于保险公司而言，客户的需求是千变万化的，因此，核心资源也并非是一成不变的，就A公司来看，其人力和知识资源当属其核心资源。其中，娴熟的销售队伍让其人力资源得以保障，而公司所具有的客户数据库、各方合作关系以及品牌形象则是其知识资源所在。

第二，关键业务。这一点对保险公司而言，有着极为关键的作用，从一定程度上来说，是保证公司商业可行性的重要因素所在。A公司在运营其关键性业务的过程中，其主要是以客户需求为基准来进行预测的，以此来制定满足客户需要的保险方案。

第三，重要伙伴。这也是A公司展开服务创新不可忽视的一个问题。重要伙伴主要指的是，为了推动公司的长期稳健发展，确立合作关系，以此规避风险，或者是进行资源共享等，这些伙伴既可以是为了研发新产品、服务升级而与第三方建立的合资关系，也可以是公司的竞争对手，还可以是其他的供应关系。存在这些关系，不但能确保客户的需求得以最大化的满足，而且也可凭借提供特定资源或举办某类活动而提升公司的业务水平。

2.服务组织创新

笔者根据服务创新角度设定了A保险公司开展服务创新的相关方式方法。A保险公司需要关注到组织创新带来的作用，其中涉及的内容为组织结构创新、展现凝聚力、不断提升执行力。

第一，在组织结构创新层面上，应该关注到如何设定有效的组织机构、重新审视其中的合理性。需要优化更新组织结构，简化管理流程，不断提升公司的管控水平。另外，为了体现出组织结构的创新理念，应该在开展设定活动中设定相关依据。在设定组织结构过程中，应该考虑到客户的需求；在开展设定活动时，需要研究客户的分类情况，全方位的研讨客户的真实要求，设定出符合客户内心需要的服务产品。

第二，在设定组织结构之时，还应对公司今后的发展策略有深入的了解，根据公司的发展方向来调整组织构架。

第三，在开展组织结构设定过程中，还应该关注到权利、责任、收益之间的关系。经过观察发现，A保险公司在开展结构重组的过程中，应该了解到公司内部的当下运作情况，由于此公司所运用的管控方式为直线型，导致部分人员的权利过大，所提出的相关决定方案都带有一定的个人倾向，此种管理结构也会造成公司管理层过多，相互间的沟通又并不顺畅，对于公司发展带来不利因素。因而，当公司开始组织结构重新梳理的过程中，需要根据真实的运作情况，设定出符合A保险公司运作的组织结构。

A保险公司重新梳理了组织结构以后，非常关注客户的需求内容。所设定的具体设定方案中，把公司划分为不同的管控部分，也就是前台部分、中台部分、后台部分，接下来在为以上几个部门设定不同的职能。

先来了解前台部分，需要面对的工作是接触更多客户，为不同潜在购买群体核算保险方案，为他们提供不同的保险理赔服务，不断提升公司的服务质量。另外，在实施前台管控过程中，公司所使用的管控形式为授权方式，还把公司营销部门和网络保险部门都合并到前台管控部门，可以有效地体现出更多的营销途径，提升销售业绩的同时也可以有效提高签单率。接下来我们来观察中台部分，它的工作任务是为了给客户服务提供良好支持，在此管控部门中所涉及的具体职能部门，分别涵盖了企划管理部门、人事管理部门、法律管理部门、研发管理部门等，此处所体现出来的支持中心功能，主要是为了给前台提供相应的保障。

除此之外，作为中台，还会依照公司当前的运作情况，面对承保工作以及理赔工作开展实时管控，有效地降低公司的运作的资金支出，利用好公司的各种有效资源。

最后来分析后台，它所涉及的工作任务为开展决策活动，对公司的运营管理进行实时管控，应该说它是为了体现出公司良好运作状态而开展的工作。在设定后台职能过程中，应该根据集团公司的具体要求，根据下属公司的运作真实状态来设定分支公司。此类公司所设定的中心类型组织结构，其最关心的就是客户的需求内容，这也可以展示出公司对于客户的关注状态。另外，下属在开展管控活动中，需要给予一定的授权，让公司的管理架构灵活多变，确保公司可以与不断变更的外部环境保持高度统一，有效地减少公司开展管控活动的资金支出比例，进一步为保险公司开展服务创新活动设定有效依据。

3.服务产品创新

通过研究表明，作为保险公司，其所展开的服务创新，在本质上就是为了体现出产品的创新性。对于保险公司来说，他们所研发的产品其内容就是提供服务。保险公司所研发的不同险种，需要满足客户的要求，并以此作为本公司提供竞争实力的关键点。可见，经过研讨以后，笔者提出A保险公司为了体现出产品的创新性，需要关注如下几方面的层次内容。

第一，在开展产品研发的过程中，需要研究市场的需求情况，根据客户的需求程度来设定保险品种。通过了解我们发现，国内的保险行业发展态势良好，但是由于国内一直都非常关注改革开放的进程，外资保险公司也在陆续加入本行业开展竞争活动，并已经拥有了一定的行业优势。不过国内的保险市场的发展空间依然广阔，还需要进一步进行有效开发，拓展更多市场份额。例如通过观察保险销售市场可以发现，有关农业以及老年类的保险，其市场占有份额不多。

可见，A保险公司需要根据自身的发展情况，努力体现出服务的创新，快速拓展占有率不高的保险销售种类，抓住良好的发展机遇。通过了解A保险公司所办理的业务种类可以发现，其中主要涉及险种为寿险种类，因而在开展产品研发时，需要关注到我国居民的家庭结构是否处于更替阶段，而社会老龄化问题带来的相关问题，对于年纪较大人群来说，他们是否乐于购买相关保险。例如根据年纪较大人群所设计的身体护理保险等。另外，在对外宣传相关产品时，还需要举办相关讲座课堂，其主要目的在于得到更多潜在客户的关注，提升公司的经济收益。

第二，在设定保险产品过程中，需要关注到如何体现服务优势。经过观察当下的发展情况可以发现，由于大众非常关注保险带来的良好收益，办理保险业务的人数不断提升，但是人们对于保险的期望度也有所提升，对于仅仅实现经济补偿的服务而言，已经难以满足客户的现实需要，客户所关注的是怎样才能获得更多的支持性服务。由此可以看到，作为保险公司，在相关业务的设定开发中，需要充分认识到,开展保险服务不但是展示出良好的服务态度,还需要满足更多客户的需求。

经过研究发现,支持性的服务可以理解为,把保险公司可以采用的资源,为客户设定更多有利服务。保险公司所采用的此类服务,主要为客户提供他们意想不到的服务方案,例如在设定意外险过程中,还可以为客户提供不需要花费资金的救治方案。对于投保健康险的居民来说,保险公司可以为投保方提供免费形式的身体检查,并为他们提供相关健康咨询服务。另外,还允许家属一起参加,为他们提供家务帮助活动。此外,对于所开展的支持性服务,应该关注如果落实相关活动内容,建立客户数据信息库,根据客户的不同种类开展管控活动。例如,客户所办理的保险业务已经到期,此时能够第一时间查出客户之前所填写的相关信息内容,对于客户再次办理保险业务来说带来了很大便利,不但可以提升客户对保险公司的归属感,还能减少办理相关手续的繁复流程,建立良好的公司外部形象,提升客户对于保险办理的满意度。

第三,在设定相关险种的同时,需要设定套餐活动。采用此活动形式的主要灵感来自移动公司推出的套餐优惠活动,利用该方案,可依照客户的实际需求,设定不同的服务种类,让用户体验到多种类型服务,并收到了良好的实施效果。经过了解我们发现,保险公司同样都归属于服务类型,在开展服务活动中可以根据套餐形式,让客户选择适合他们的保险产品,设定出具有个性的服务方案,有效提升客户的认可程度。可见,采用套餐选择服务形式和以前所采用的单独化险种服务具有很大不同,套餐方式可以有利于客户在一次投保过程中实现多种需求,不会出现同时办理其他险种时手续过于繁复的问题。另外,采用套餐选择形式,可以有效地解决各家公司险之间险种相互效仿的问题,促使公司的竞争力得以提高。所以,对A公司展开的各项服务创新,笔者提出该公司需要研发更多保险产品,并采用套餐形式开展业务办理活动。

在制定套餐服务的过程中,需要利用产品组合方式进行设定。例如，对于有关旅游的保险种类，在设定最基础的保险品种之后，还需要依据旅游的特性来设定其他一些保险，就像旅游路线延误类保险、旅行过程中发生的财物丢失保险、意外保险等，设定以上内容可以有效保障旅客的行程安全，让人们体验到安全感十足旅程，提升客户对于保险公司的满意度。以上所阐述的套餐服务形式，可有效地体现出营销的区别，利用不同个性化的服务方案，让更多客户得到满意服务，吸引更多的潜在保险购买方。

（二）A保险公司服务创新对策

笔者在进行研究和分析的过程当中，围绕A保险公司的实际案例来展开，其中，就其服务创新而言，不仅涉及前面所列举到的维度，而且还包括更多地服务创新办法与举措，其基本内容可以概括为如下内容。

1.经营管理过程中，需要进一步加强营销管理

实际开展营销管理工作的时候，注重对于客户需求信息的获取，从而保证自身能够对客户的现实需要做出及时、全方位地了解，在此基础上，设计开发出个性化的服务产品。

第一，保险公司在进行运营和发展的时候，要对于营销调研工作引起更高的重视，始终将该项工作放在至关重要的位置上。从目前的实际情况来看，保险公司在这方面做得远远不够。由于就保险公司来说，要想保住自身获得更多的运营收益，那么，就必须积极进行满足市场需求的产品的开发设计。因此，A保险公司在进行运营和发展的过程当中，要积极开展市场调查工作。

第二，进行营销的时候注重客户和公司的情况，相应的实施市场细分，持续促进企业的服务水平的提升。公司能够参考相应的地理位置，收入水平与人口特点等对市场加以细分。而且，在这个前提下对于营销组织展开全面管控。依照公司现实情况，选择最佳营销组织形式和机构，实际开展各项营销工作的时候，加强战略优化和控制，进一步提高服务质量。

2.服务创新过程中，始终以客户的实际需求为工作重心，构建完善的服务体系

在进行该服务体系发展建设的时候，要始终秉持客户为中心的基本理念，进一步丰富服务类型，在提供服务的过程当中增加针对性，更好地满足客户的个性化需求。A保险公司在进行运营和发展的过程当中，首先，要积极地与客户进行互动，及时全面地进行客户反馈信息的获取与分析，参考客户的特点进行更好地迎合与满足其实际需求的产品以及服务的供给。其次，要积极主动的和客户进行联系，在不断向客户进行优质服务供给的基础上，逐步获得客户的认可与信赖。此外，A保险公司实际进行科学完善服务创新体系发展建设的过程当中，一方面，要及时更新营销理念，将4C营销理念作为运营与发展的基本依据和参考，及时准确地把握客户的保险需求，借助服务方式持续提高客户的忠诚度，进一步扩大客户群体。另一方面，实际进行服务体系发展建设的过程当中，对于险种结构进行改进与优化。积极运营和发展运营状况十分理想的险种，逐渐扩大规模，同时，根据新险种运营和发展的实际需要，进行科学的保障机制的发展建设，持续地对服务进行革新和升级，帮助自身获得更多的市场份额。

第五节　电信运营企业服务创新

一、相关理论研究综述

(一)创新理论综述

1.技术创新的研究兴起和发展

20世纪30年代初，自熊比特从论证技术变革对经济非均衡增长以及社会发展非稳定性的影响出发首先提出创新理论之后，许多学者在此基础上开辟了不同的研究领域，而技术创新为其中一个重要的分支，逐步成为经济学、管理学中的一个重要的、独立的研究领域。

2. 国外技术创新研究历程

从20世纪50年代，由于技术变革所带来的巨大影响，人们开始重视对技术创新的研究。经历了50多年，我国学者傅家骥将创新尤其是技术创新的研究总结为三个阶段。

第一阶段是20世纪50年代初到60年代初，这一时期技术创新研究迅速复兴，突破了新古典经济学的局限与束缚，形成了对技术创新起源、效应、过程等方面的研究。技术创新在管理科学中形成专门的研究领域，主要探讨技术创新对传统组织管理的冲击和挑战，从创新主体的组织结构、决策行为及管理策略等角度出发进行研究，并开始涉及创新过程中的信息交流和环境问题，但总体来看，这个阶段的研究分散，无完整的理论框架，研究方法主要是案例分析。

第二阶段是从20世纪70年代到80年代初，这一阶段是技术创新持续兴旺时期。技术创新研究从受制于其他学科和领域的研究逐渐独立出来，初步形成了自己的理论体系研究的具体对象也开始逐步分解，出现了对创新不同侧面和不同层次内容的较全面的探讨和争论同时将其他学科的理论和方法应用到创新研究中，这一阶段的研究方法以样本调查与理论推导结合为主。

第三阶段是20世纪80年代至今，这一阶段的特点有研究向综合化方向发展，体现为对原有研究成果分门归类加以总结描述；针对创新研究过程者中有争论的问题；通过系统归纳沟通以往分散型研究成果之间的内在联系，形成新层次上的系统概念；通过系统归纳沟通以往分散性研究成果间的内在联系，形成新层次上的系统理论。

在综合已有研究成果基础上选择或提出有关重点专题进行深入研究，例如，企业组织结构与创新行为、小企业创新、创新风险决策、创新学习扩散和市场竞争策略等。

注重研究内容和成果的实际指导作用，实用性强的研究课题，如创新组织建立的策略和规范、对某一行业的技术创新的全过程的分析等。

总之,经过多年的发展,国外技术创新的理论研究与实践,已经开始对企业经营活动和政府管理政策产生直接的积极影响。

3. 我国技术创新研究情况

目前技术创新已经引起我国政府部门和企业领导者的高度重视。1996年国家经贸委宣布启动实施“技术创新工程”,我国在一些商业应用技术上也产生越来越多的有自己知识产权的核心技术。我国的技术创新研究表现为政府在创新过程中占有重要地位,是目前产学研合作的重要协调力量,政府的支持,使得许多大型项目得以顺利进行;研究形式的多样化,借鉴国外创新研究发展的历史和未来趋势,结合我国实践的需要,我们创新研究是从综合性理论研究、专题研究、案例总结分析等多层次上同时开展;研究内容注重实用,对于国家创新体系(创新模式)、企业技术创新机制、企业组织创新、创新各环节的实现等问题成为国内研究的热点。

(二)电信服务及其创新的研究

电信服务创新是电信企业根据社会通信需求,利用外部的技术条件,对企业资源(资金、设备、人员等)进行重新组织,重新安排电信服务的形成和提供过程,从而推出新功能的电信服务,新的电信服务实现方式,或提高原油的电信服务的效率,从而提高电信运营企业的整体运行效率和经济效益,表现为服务种类增加,服务功能增加,服务质量提高,服务成本、价格降低,网络运行效率提高,开辟新的市场,原有市场份额的扩大等。

1. 电信服务企业的性质和类型

随着信息产业的发展,目前国际上的普遍观点是将电信产业划分为三类提供者:电信设备提供者,生产各种有形的信息处理产品、设备,例如,交换机、终端等;网络内容提供者,生产“软”产品,包括软件、新闻娱乐内容等;电信通信提供者,即电信企业所承担的角色,提供非实物形态的通信服务一般指信息的转移,所生产的产品就是各种通信业务。

随着现代化建设和WTO对中国电信市场开发的要求,通信管制的放送降低了电信服务业的进入壁垒,需要国外和国内民营企业进入电信通信领域。从国内电信服务市场来看,新的竞争公司进入市场可能会采用三种方式的之一或混合自建网络、租用主导电信公司网络和从事批发零售业务。因此,电信运营企业相应可以划分三类。第一类是拥有大量丰富的网络资源、运营大部分公共交换电信网络的电信服务企业,也就是我们常说的主导电信运营商,或也可称为基础通信运营商,其建设构成通信基础设施的物理网络,可以提供三层次的服务:电信运营商级别的服务、企业服务和个人用户服务。我国这类电信服务企业为中国电信、中国移动、中国网通等。第二类企业,只有少量的网络资源,通过向基础通信运营商租用必要的资源,从而构成一个可以提供业务的网络,由于其网络资源有限,一般没有能力提供电信运营商级别的服务,也大多是偏重向企业提供服务。第三类企业,通常没有或极少有网络资源,从前两类企业批发业务,然后转售给最终用户,可以称为转售商。

很明显,不同类型的电信运营企业有着很大的区别。基础网络运营商需要雄厚的资金支持,其技术复杂度高,规划和组织就非常重要,而且更大程度上依赖于网络设备厂商。而租用网络资源的小型电信企业,一般需要的投资相对较少,依赖于网络运营商,技术复杂度低,服务范围小,但灵活性高。最后一类企业,电信服务转售商不要什么硬件设备投资,更多工作集中在处理与批发商和用户之间的关系,服务灵活性和个性化是其吸引客户、占有市场的手段。因此,他们的服务创新活动也各有特点,创新内容、创新管理、创新战略等都有不同。本书主要以基础电信运营商为主,因为这类企业是目前国内电信服务企业的创新主体。

2. 电信服务的不同层次

有电信专家根据OSI参考模型的理念,提出了七层电信服务模型。在这模型中,要实现任何一层的性能,首先要实现其下面各层,它提供了一个概念化的观点,说明电信服务的层次划分。

（1）基础设施

这一层次涉及物理资产的配置，例如，接入、传输、交换和呼叫处理。这一层次通常需要大量的资金费用，以网络设备的新建、扩建以及升级改造等形式进行。

（2）核心能力

核心能力运行在基础设施上，构成企业提供业务的环境，这一层次不一定直接与某一产品有关，也不一定直接产生收入，但它可以令整个企业或多种业务收益。例如，营销、网络管理能力和客服保障中心都是电信服务的核心能力之一。

（3）基本服务

这一层次表示电信企业要进入某一电信服务领域，所要必须提供的最基本的服务。例如，长途电话业务市场，最基本的服务就是呼叫接通。

（4）增强型服务选择

这一层次表示对现有服务的增强、改进，这种增强是通信企业在一个特定的服务领域已经取得了一个稳定的地位之后进行的。通常是基本服务基础上派生的产品，但有时凭借业务性能标准和所使用的技术，在增强型服务层次上也可以开展全新服务。例如，相对基本数据线路租用业务，MPLS和IPVPN专网业务都属于增强型服务。

（5）增值业务选择

这一层次通过为所提供的服务增加新的内容扩展了基本业务和增强型业务的功能。增值业务通常作为一种基本业务或增强型业务的可选项提供。增值服务，例如，来电提醒、语音信箱等服务。

（6）部分应用解决方案

这一层次是为一个特定的产业、部分或企业应用开发的解决方案，也可能是为特定的用户提供的特殊解决方案。这些解决方案可以将下面各层次的要素结合在一起，也就是说已存在的各种业务的衍生，因此包装与定价方案是这一层次的主要内容。例如，中国移动为公安系统行业应用开发的“警务通”，中国电信为企业专网网络维护开发的“网管专家”等。

（7）整体服务解决方案

满足用户广泛的信息服务需求而提供完全、完整的解决方案。这些解决方案可以由某个电信企业凭借其自己的网络和内部能力来提供所需要的所有要素，也可以由不同的电信企业提供解决方案的各个部分。但对于用户来说，它必须是完整一致的。这意味着与用户直接接触的电信企业应该处理所有的服务交付过程，包括销售、服务和支持以及计费收费等功能。

3.电信企业的服务创新特点

电信服务业的特征和其服务形成的过程，也表明电信企业的服务创新活动的具有特殊性。

（1）电信运营企业的服务创新渗透性高

电信业作为国民经济的主要基础设施之一，成为其他各个部门、产业和企业的神经系统，因此电信运营企业的服务创新的渗透性非常高。

（2）受制度、政策、社会、技术方面的影响较大

制度轨道对于电信运营商扩大服务范围，增加新服务及新的组织方式的事实都有重要的制约或促进作用。政策因素可能导致市场的昌盛，也可能导致市场的衰退。电信产业的法律环境、投资环境、业务政策环境、技术政策环境、市场政策环境将影响整个产业的发展，进而影响到运营商业务的运作。电信运营商的服务创新是业务和服务上的创新，必须受到用户的认同，才能实现价值创造。创造出能满足用户需求的业务和服务，是运营商服务创新成功的关键。电信技术变化与发展所呈现的规律，决定了电信产业的发展方向，也是电信业服务创新的推动力量，引起了客户对电信服务需求的多样性，而且直接推动了政策的前进。

（3）电信服务创新过程中应用技术体制、标准与服务的用户化至关重要

电信服务存在网络服务与服务交付两个层次，完整的电信服务创

新也要在这两个层次上进行。网络服务层的标准化程度高，而且电信网络的价值在于其网络的通达性，因此在服务创新时必须要考虑是否能支持多个不同电信网络间的互联互通，这就使得体制与标准非常重要。而在服务交付层，由于竞争的加剧，服务的用户化变得越来越重要，成为保证创新成功的要素之一，如营销方式或客户服务方式的创新。

（4）电信企业的创新离不开与相关企业的合作

由于电信企业的服务创新通常复杂，运营商自己无法掌握创新所需要的所有技术和资源，因此创新过程始终需要其产业链上的其他相关主体（设备供应商、软件开发商、内容提供商等）的密切参与。

（5）创新过程持续性

在某些情况下，在产品服务交付使用之后，电信运营商的创新仍旧需要进行下去，例如，开发某些新的附加功能，或者系统被升级更新等。系统复杂度随着升级换代而增加，由于对效能的要求不断提升，产品和市场流程的工艺将通过“模块化”的方式简化，先前的用户化的部件也被标准化，这将导致新一轮的产品创新，因此电信运营商的创新过程需要不断根据技术和需求改进。

（6）服务创新过程的不确定性

在创新项目形成的时候，由于种种条件的限制，通常仍然存在相当多的技术问题没有得到清晰的解决方案，很多情况下，只能在创新流程中通过试错法来找到解决方案。

二、电信运营企业服务创新实践中的问题

（一）主动创新意识缺乏，创新观念存在误区

应该说在国内电信运营企业的高层领导中，对创新的重要意义已经有了充分的认识，但对于整个企业而言，对其自身创新活动的内容和价值还没有统一的认识，创新意识、创新的主动性和积极性有所欠缺。体现在如下方面。

1. 对创新认识上存在误区

有的企业认为，创新是经济比较发达的电信企业做的事，只要善

于学习和借鉴别人的经验和做法就行了;有的员工认为,创新是管理人员和技术人员应该做的事,自己只要按部就班地完成任务就行了;有的员工总想标新立异,忽视了企业的需求和客户的需求,创新出的东西毫无经济价值,也挫伤了创新的积极性;有的企业和员工把创新看成高不可攀的事情,总把创新与发明等同,怀疑企业和自己的思维、能力,强调客观,碰到困难就畏缩和放弃,使创新前功尽弃等。当然,电信企业对待创新的态度应是在思路上要大胆设想,在操作上要小心求证,在毅力上坚忍不拔,在经济上缜密分析,要认识到创新不是盲动,而是经过充分讨论后的果敢行动。

2.观念的落后制约了电信企业谋求合作创新的积极性

传统的电信企业具有很强的电路交换思维和严重的路径依赖,长期以来,电信企业各项业务的开展都是在相对闭环条件下进行的,开放合作意识相对不强,过分强调传统意义上的“电信级”概念。而在信息经济和知识经济时代,开放、合作、宽容、共赢成为新思维,信息经济本身就是“创新为王,以快制胜”的速度经济,如果我们总是用“旧瓶装新酒”,开展电信服务创新就很难有实质性突破。

3.缺少适应新时代需求的创新文化和创新氛围

由于电信企业有“电信级”要求和按部就班的工作作风,电信企业对创新失败缺乏包容和宽容精神,客观上也没有风险承受能力和意识。现在电信企业也认识到创新对企业长期发展至关重要,但期望值太高,急于想收回创新中的投资成本,过早用经济指标进行约束,使创新团队瞻前顾后,使命感太强,反而影响创新能力的发挥。

4.自主创新意识淡薄

几大电信运营企业的服务创新工作,主要立足于满足现有网络的需求。网络服务创新,基本是跟随国外的运营企业或者设备供应商走。服务创新工作缺乏前瞻性,基础性的研究和开发工作极为薄弱。电信行业的技术发展步伐很快,可选择的新技术、新业务越来越多。国外一流的电信运营企业,研发实力雄厚,自主创新能力很强,他们把研发的重点大多放在网络技术和新业务的原始创新和集成创新上。

与此形成明显对照的是，中国电信运营企业把研发工作的重点，更多地放在对各业务部门现实性需求的支撑上。

(二)缺乏创新型人才及IT专业能力

1. 缺乏大量优秀创新人才

创新型人才首先要有激情，其次要突破思维，最后既要对电信网络和互联网络有深刻认识又要对客户需求有深入把握。电信企业现在提供的是综合信息服务，需要跨地域、跨部门、跨职能的协作，更重要的是许多职责和界面很难分清和界定。这就需要从事创新工作的人才是复合型人才，具有很强的项目管理能力、广泛的沟通能力、必要的妥协能力和妥善处理复杂问题的能力，否则创新工作通常因为规则和细节而拖延和夭折。

2. 不同电信企业的网络资源、分销网络与用户资源都有很大的差距

传统的企业（中国电信和网通）在规模数量上占优势，新进企业（中国移动）在先进性和灵活性上占优势。对比2006年底，中国电信员工数为24.3万人，中国移动为近10万人，员工数量相差一倍，并且中国移动的集团客户部的客户经理多出原营业厅或电话服务中心负责个人客户的销售队伍中调任过来，这些人员通常缺乏一定的技术背景知识，也比较难以把握企业客户真实的信息化需求，这在一定程度上影响了中国移动在服务创新过程中不能向中国电信一样具有较为充足的人力资源去支持。

3. 缺乏行业应用的IT专家

虽然电信企业作为技术型企业，不乏在网络通信领域的业务和技术专家，但当其将服务延伸到IT的应用和外包领域时，原有的人员并不在适合。首先缺乏对企业用户行业信息化需求和应用的理解，而这并不是一蹴而就的，需要行业的业务知识的积累；另外，当电信企业进入新的服务领域时，其原有的品牌和服务优势并不能轻易转移过来，客户通常对电信企业在IT领域的专业能力缺乏信任。[①]

---

①李保升. 电信运营企业创新网络研究[D]. 北京：北京邮电大学，2012.

三、电信运营企业服务创新策略

(一)电信运营企业服务创新组织机构

1.电信运营企业的服务创新组织的设计

为了适应创新业务的发展,在组织结构设计上企业常会采取两种应对方式,有的把创新人物分散到现有的各个事业部,有的则设立专门的事业部或研究机构,集中管理新业务的开发,这两种方式各有利弊。

责任分散会导致任务失败。公司要求所有高管分担开发新业务的责任。这种方式的弊病在于,传统业务很容易主宰新业务,老员工通常会无视对新业务的激励措施,压制新创意。例如,中国电信集团客户的客户经理,通常热情去承担创新业务的市场推广工作和深入了解客户的需求,因为目前企业客户在传统的数据和语音上的业务需求就已经能够完成其任务指标。

责任集中会导致新业务被孤立。将新业务与现有部门完全分离,成立内部创业事业部负责开发和培育大部分新业务,或者成立风险投资集团为新业务提供平等融资。这都是在新业务初始阶段的培育,然而当新业务必须与主流业务进行整合时,就挑战很大,要么将新业务剥离,要么干脆关闭。

因此,在考虑电信运营企业的创新组织设立时,可以参考国际上其他电信企业的做法,成立位于内部的专门的企业创新业务中心,优点就在于权责明确,便于沟通和能够提高工作效率,并且能够适应电信业的快速技术发展和复杂的环境。同时,它只承担服务创新的客户需求分析、产品开发工作,而通过与现有各省地市市场和销售部门的紧密合作,来共同培育新业务的发展。

2.电信企业创新中心的定位和功能

(1)企业创新中心的功能定位

第一,新产品、新技术、新工艺、新装备研究开发的中心。企业创新中心首先是一个以技术和业务研发为龙头,带动相关工艺、装备和材料的研发中心,其中要不断开发出具有自主知识产权的主导产品与关键技术。

第二,企业技术进步和技术创新决策咨询的中心。企业创新中心要积极主动地参加企业发展战略和技术进步规划的制定及重大技术研发、技术改造项目的论证工作,就新业务、新技术的开发,领域的扩展,新的投资项目等方面的决策,给领导提供咨询意见。

第三,市场和科技信息收集的中心。企业创新中心负责收集、分析与本企业相关的全球技术和市场信息,研究行业发展动态,为业务和技术发展决策提供咨询、意见和建议。

(2)企业技术中心与企业其他部门之间的联系

企业创新中心作为企业集团的一个构成部分,不仅与企业集团内的其他研究开发机构有指导、服务、协作、竞争的关系,而且与市场营销部门等其他部门之间有着不可割裂的联系,其主要联系有三个方面。

第一,组织结构的联系。从组织结构上看,中心与企业其他部门存在职能的分工与协作的关系。电信运营企业的创新活动是由一条完整的链条组成的,包括需求提出、方案规范标准设计、研发、测试和上网试验等,是一个协同创新的过程,需要研发部门与各运营部门分工协作。为使企业集团的技术创新顺利实现,不仅要求技术中心提供先进技术支持,更要求企业集团内部各个部门之间互相协调,密切配合,一体化地参与到创新过程中来。

第二,信息交流的联系。组织上的联系必然会形成创新中心与市场营销等部门之间的信息交流与沟通。实际上,创新中心的研究开发项目一部分就是由市场营销部门通过与顾客的接触和对市场的分析发现的,而项目的研究成果能否转化为实际的产品,必须有市场营销门提供支持。

第三,利益分配的联系。成功的技术创新是各个部门共同努力的结果,因此技术创新成果也应该属于各个部门乃至技术创新过程中的每一个参与者。技术创新成果所带来的效益应该在各个部门之间分享,而不仅属于研究开发部门,这样就形成了集团内部各个部之间的利益联结关系。

（二）电信运营企业服务创新体系中的激励机制

1.创新激励机制概述

激励是以人本理论为基础的、以人为中心的管理活动，它追求管理活动的人性化。机制则是以制度为导向的，追求管理活动的制度化。在创新体系中建立创新激励机制，就是追求管理活动人性化与制度化的平衡。激励机制是在组织系统中，激励主体与激励客体之间通过激励因素相互作用的方式，这种方式的核心就是通过建立一套理性化的制度。而创新激励机制就是以创新为导向的激励机制。激励机制设计的总体思路就是依据人的行为特征，针对创新过程的特性和收益的特性，确定激励主体和客体、激励因素和相互作用方式。

2.完善创新激励机制

创新激励制度是企业文化建设中的一部分，其中比较重要的是创新奖励制度。因为成功的创新会给企业带来巨大的社会经济效益，对提出创意的员工予以奖励，是大多数企业都采用的一种激励措施。除了对创新员工的奖励制度外，创新激励制度还应包括以下几个方面。

（1）员工的学习与培训制度

员工学习与培训制度对企业创新能力的增强是十分有益的。因为有众多具有创新能力的人才是企业保持不断创新的根本，人才是企业竞争的焦点之一。但人才不是天生的，也不是一成不变的，企业可以高薪聘请高级技术人才和管理人才，但更重要的是要对自身员工有持续培训与提升的规划。然而，许多企业都没能做到这一点，也是观念上的一种误区。就是说，创新不能主要依靠引进外来的人才，而要依靠员工自身的创新能力。要做到这一点，就要求企业不仅要鼓励员工通过自身的努力来获得提升，还要主动为员工提供培训和学习的机会，使他们有学习提高的时间和条件，与企业共同成长。

（2）创新资源支持和风险承担的制度

在很多情况下，特别是一些创新力度和规模较小的项目，不仅创新的构思是由员工个人提出的，创新的实施也有可能由员工个人来启动，但这些小的创新完全有可能给企业带来很高的创新效益。因此，一些世界知名企业都会通过相应的制度来支持员工的发明和创新。例如3M公司规定，员工可以利用班上时间的15%来进行个人创新活动，而且可以使用公司的物资、设备和获得必要的资金支持。这些相应的制度，切实支持了员工的创新活动。

此外，创新都是有风险的，一般说来在企业所有创新的构思中只有低于20%的构思能够最终获得成功。就是说，创新失败是不可避免的，这些失败有可能给企业带来损失，但如果因为害怕失败就不去鼓励创新，那企业就必然会失去发展的动力。因此，员工或企业中某部门的创新有可能成功也有可能失败，企业既要有从创新中获取收益的期望，也应做好承担风险、总结失败教训的准备。要通过制度来明确承担创新风险的方式，即使创新失败了，也不要由某个部门或某些员工来承担全部责任。假如只是对创新成功给予奖励，而将创新失败的风险推给发起创新的员工或部门，那么创新激励制度就是不完整，也无法真正起到激励作用的制度。

参考文献

[1]黄锐，郝磊．企业服务创新类型及其基本驱动力分析[J]. 商业时代，2012（22）：82-84.

[2]纪峰．基于保险公司服务管理创新的分析[J]. 中国商论，2018（27）：158-159.

[3]李保升．电信运营企业创新网络研究[D]. 北京：北京邮电大学，2012.

[4]李雯，樊宏霞．服务企业运营管理[M]. 重庆：重庆大学出版社，2016.

[5]李晓锋．科技与产业创新研究[M]. 北京：知识产权出版社，2018.

[6]李治国，梁乃锋，朱柳单．物流企业绩效指标KPI体系建设效果及实证研究[J]. 物流工程与管理，2020（7）：51-53+47.

[7]廖杉杉．金融服务创新助推乡村振兴战略[J]. 合作经济与科技，2020（22）：40-44.

[8]闵志慧，何艳敏．制造业服务化创新模式研究[J]. 现代商贸工业，2021（7）：3-4.

[9]阙方平，曾繁华，杨馥华．互联网金融创新与政策研究[M]. 北京：知识产权出版社，2017.

[10]舒伯阳，徐静，邵晓辉．服务运营管理[M]. 重庆：重庆大学出版社，2018.

[11]孙杰光，张辛雨，高同彪等．现代服务业发展概论[M]. 北京：中国金融出版社，2017.

[12]汤锋．现代服务业集聚区企业技术创新互动效应研究[D]. 上海：东华大学，2011.

[13]王成志.旅游产业集群驱动演化机制研究[M].北京：中国旅游出版社，2019.

[14]王家宝.服务创新：关系嵌入的视角[M].上海：上海交通大学出版社，2014.

[15]王娜.客户关系管理对美发类服务型企业创新能力的影响研究[D].哈尔滨：哈尔滨工业大学，2012.

[16]徐思雅.服务创新能力对企业绩效的影响：商业模式新颖性设计的调节作用[D].杭州：浙江大学，2014.

[17]徐志涛，明新国，尹导.产品服务供应链管理[M].北京：机械工业出版社，2018.

[18]袁小娟.中小物流企业服务创新研究[D].西安：长安大学，2015.

[19]张代军.保险经营管理创新模式研究[M].上海：立信会计出版社，2017.

[20]张海军，许晖.制造业企业服务创新[M].北京：中国经济出版社，2018.

[21]张黄忠.越南制造企业的服务创新与企业绩效关系研究——以顾客满意度为中介变量[D].南京：南京师范大学，2017.

[22]张晶敏.现代服务企业的服务创新[M].大连：东北财经大学出版社，2012.